ARITHMOGRAPHIE

MUSICALE

IMPRIMERIE DE JULES BELIN-LEPRIEUR FILS,
11, rue de la Monnaie

ARITHMOGRAPHIE MUSICALE

MÉTHODE

DE MUSIQUE

SIMPLIFIÉE PAR L'EMPLOI DES CHIFFRES

composée

ET DÉDIÉE AUX ARTISTES

Par J. E. Miquel J^{ne}

Frappe, mais écoute.
THÉMISTOCLE.

Je ne saurais me dissimuler l'opposition à laquelle doit
s'attendre l'auteur d'un nouveau système ; mais j'ai confiance
en ceux qui sont appelés à juger de cet ouvrage. Ils se con-
vaincront aisément que je ne tends pas à renverser les prin-
cipes établis, mais au contraire à en abréger les difficultés.

Prix : 3 Francs

PARIS

CHEZ ADOLPHE CATELIN ET Ce, ÉDITEURS
RUE DU COQ-SAINT-HONORÉ, 6
ET CHEZ L'AUTEUR, RUE RICHELIEU, 19

TOULOUSE | MONTPELLIER
L. MARTIN, rue de la Pomme | MOITESSIER, Grand' Rue

1842

PRÉFACE.

hez tous les peuples et dans tous
les temps, on a considéré la musique comme un moyen de civilisa-
tion. Elle ennoblit l'âme, adoucit
les mœurs et rend les relations agréables ; elle dis-
sipe l'oisiveté et charme les heures du travail. Elle
est pour le riche un passe-temps, et pour le pauvre un
délassement ; même pour le malheureux, elle a son
langage consolateur. Elle élève la pensée, et les senti-
ments qu'elle exprime, elle les inspire : ses accents
excitent le courage du guerrier, réveillent le patriotisme et exal-
tent la ferveur du fidèle ; par elle, le poëte est plus touchant,
l'amant plus passionné, et le délire qu'elle répand rend au faible

1

l'énergie, à l'insensé la raison [1]. Tout enfin est soumis à sa divine influence, depuis les êtres doués de l'intelligence jusqu'à ceux à qui la Providence n'a donné que l'instinct. Je plains l'homme privé de ce sixième sens, la nature lui refuse des jouissances qu'elle accorde même aux plus vils insectes [2].

Simplifier les moyens de populariser cet art, c'est donc rendre service à son pays; cette pensée soutiendra mes efforts, et n'eussé-je fait qu'indiquer de loin le chemin, j'ai droit d'espérer l'appui des artistes, à qui je fais hommage de ce travail; quelques marques de leur sympathie seront ma plus douce récompense.

Si mon système est profitable pour les études élémentaires en ce qu'il hâte les progrès, il est surtout utile et agréable pour la composition, en ce qu'il donne la facilité d'écrire la musique sur le papier non rayé.

Le premier écueil que l'on rencontre dans l'enseignement musical est la lecture des notes : deux octaves d'étendue tourmentent l'élève pendant quelque temps; et quelle n'est pas sa peine, lorsqu'il lui faut étendre ses connaissances jusqu'à quatre ou cinq octaves, qui n'ont entre elles aucune ressemblance, et qu'au moyen des différentes clefs toutes ces notes prennent sept noms et sept places dans le système général ? Plusieurs artistes recommandables se sont élevés contre ces transpositions, et ont proposé la sup-

[1] Plusieurs médecins célèbres citent des faits à l'appui de cette assertion.

[2] Pélisson, prisonnier d'état, avait apprivoisé une araignée, qui accourait aux sons d'un flageolet, et lorsqu'un barbare séide du pouvoir, en écrasant cet insecte, le priva du seul être qui répondît à son appel dans sa triste demeure, sa morne douleur ne put trouver que cette expression : *Ah! vous êtes un homme méchant!...* Grétry, Beethoven et autres artistes dignes de foi ont remarqué l'amour de la musique chez les araignées.

pression de six de ces clefs; mais leurs prétentions étaient inadmissibles en pratique, à cause des nombreuses suppositions qu'auraient nécessairement amenées les différents diapasons des voix et des instruments. A une époque moins rapprochée, un homme dont le génie était haut placé dans la philosophie de notre art, **J.-J. Rousseau**, éprouvait tant de peine à vaincre ces éternelles difficultés, qu'il essaya, par la puissance de sa persuasion et de son éloquence si entraînante, de renverser le système établi pour y substituer ses chiffres: mais la musique écrite d'après sa méthode est presque illisible. D'abord, pour éviter la transposition des noms, il tombait dans la transposition des sons, qui est bien plus difficile. Il obligeait ainsi les instrumentistes à apprendre douze tablatures différentes de chaque instrument, puisque chaque intonation pouvait recevoir alternativement tous les chiffres simples et altérés. Je suis convaincu que si notre grand philosophe eût vécu dans notre époque de modulations et de transitions, il aurait reculé devant son idée, qui rappelle l'homme brisant son miroir pour éloigner de sa vue l'objet de son aversion, et recevant la punition de sa violence irréfléchie par la multiplication de l'image qu'il croyait détruire. La transposition admise en principe comme moyen d'exécution, jamais à cause des instruments, mais toujours à cause des voix, ne saurait être considérée comme facile. En adoptant l'emploi d'une seule clef, ce qui est évidemment possible d'après mes propositions, on évitera sans doute la transposition des noms; mais si le chanteur veut, pour sa commodité, baisser ou hausser le ton d'un morceau, les accompagnateurs seront obligés de changer les noms de leurs notes, cela est inévitable: donc, la transposition sera toujours difficile pour les instrumentistes. En second lieu, la phonographie de J.-J. Rousseau manquait de clarté dans l'application des valeurs ou durées des notes; son système à cet égard était complétement faux, et rendait l'exécution d'ensemble impossible.

Les diverses manières d'écrire employées depuis les Grecs jusqu'à nous ont été trop bien analysées par nos hommes spéciaux pour ne pas me dispenser de faire un commentaire, qui n'enseignerait rien d'utile, et aurait de moins que ceux de nos maîtres le mérite d'être écrit élégamment.

Je m'estime heureux de la confiance que m'inspirent mes lecteurs, et surtout ceux de mes confrères qui parcourront ces lignes ; si j'ai pu me faire entendre de mes plus jeunes élèves, combien n'ai-je pas raison d'espérer d'être compris par les apôtres de la science !

Avant-Propos.

Plusieurs amis, aussi éclairés que dévoués, m'ont fait quelques objections dans mon intérêt; j'ai fait droit à quelques unes en m'empressant
de mettre à profit leurs bons conseils ; mais il en est d'autres auxquelles
j'ai eu le bonheur de les voir renoncer de bonne foi après mes réfutations.
Comme elles pourraient être élevées par des indifférents et en mon absence, il en est une qu'il m'importe de combattre ouvertement.

Voici la question :

La lecture des chiffres est-elle plus facile que celle des notes?

On conviendra qu'elle est plus simple; or, elle doit être plus facile.
Certainement la lecture des notes sur les diverses clefs n'embarrasse que
faiblement certains musiciens (Je dis *certains*, car il est connu de tout le
monde que de grands virtuoses ont été mauvais lecteurs, et ces exemples
ne sont pas rares.), mais combien d'années y a-t-il qu'ils perdent leurs
yeux dans les portées! Ces artistes ne se souviennent plus, même auprès
de leurs élèves, des ennuis de leurs premières études. S'ils écrivent d'a-
près mon système, en moins de quinze jours ils le liront parfaitement.
Certes, il tombe sous les sens que sept signes qui se reproduisent à chaque
octave d'une manière invariable, sont plus tôt appris que plus de cent
cinquante qui n'ont entre eux aucune ressemblance. Les octaves sont re-

présentées ici par des signes identiques, comme les sons qu'elles expriment.

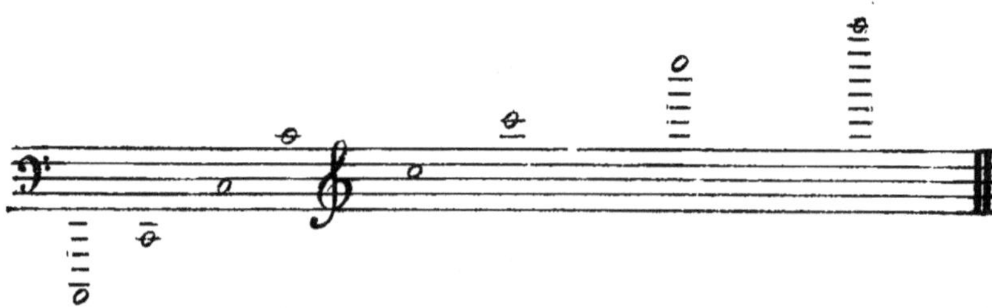

Comparez ces *ut* avec ceux-ci :

Remarquez encore que la note  peut prendre toutes les figures suivantes sans changer d'intonation :

Unissons.

Toutes ces différences sont nécessaires dans le système établi, à cause des différents diapasons des instruments et des voix ; elles deviennent inutiles dans le nouveau, à cause du peu d'espace qu'embrasse l'étendue de huit octaves, qui suffit aux diapasons les plus éloignés les uns des autres.

Encore un seul exemple : quelle clarté dans une suite d'octaves!

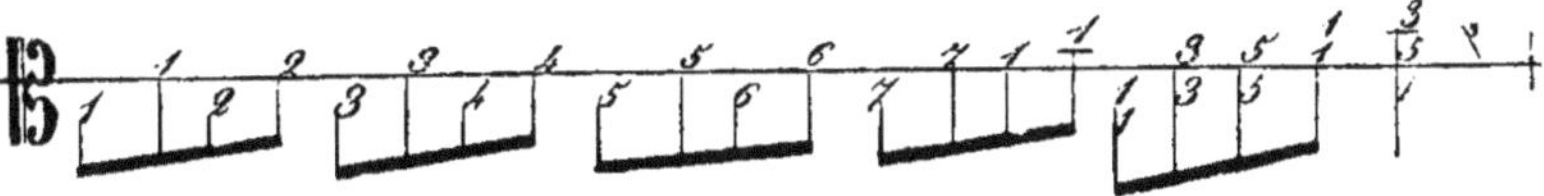

Comparez :

Un peu d'habitude fera le reste. D'ailleurs, n'est-on pas parvenu à connaître instantanément la valeur d'un nombre complexe, à faire avec une grande vitesse toutes les combinaisons arithmétiques, et nous-mêmes, ne sommes-nous pas parvenus à lire une basse chiffrée, où chaque chiffre exprime un accord et une résolution naturelle et plusieurs résolutions détournées? Après de telles preuves, oserait-on demander si l'on peut parvenir à lire des chiffres?

ARITHMOGRAPHIE

MUSICALE.

𝕻remière 𝕷eçon.

PORTÉE, CLEF, NOTES.

a portée est une ligne horizontale qui sert à séparer les notes de deux gammes, l'une grave, l'autre aiguë.

Portée : ————————————————————

Lorsque l'étendue des notes dépasse les deux gammes, soit vers le grave, soit vers l'aigu, on se sert de petites lignes ad-ditionnelles.

Lignes additionnelles.

La clef est un signe qui donne son nom à la note qui se trouve vis-à-vis de lui, on l'appelle clef d'*ut*, parce qu'on lui fait désigner la première note de la gamme naturelle.

On place la clef tantôt au dessus et tantôt au dessous de la portée, selon qu'on écrit pour les voix graves, ou pour les voix aiguës.

Il y a sept notes dans la musique, qui sont représentées par les sept premiers nombres. Ces notes forment une gamme composée de cinq tons et deux demi-tons en y joignant l'octave, qui est la reproduction du premier son.

Gamme naturelle.

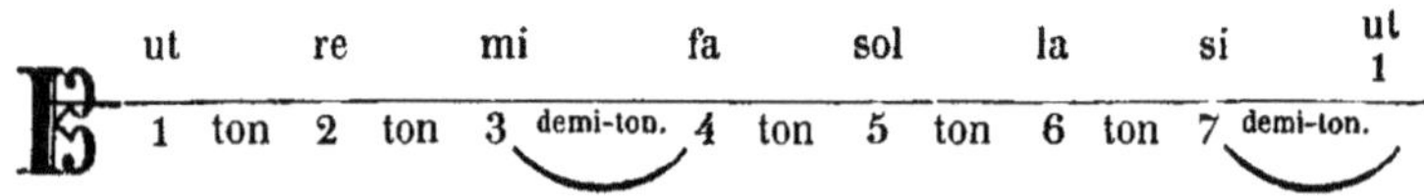

Toutes les gammes de ce système étant les mêmes, ces sept notes en résument toute la difficulté.

ÉCHELLE DE SEPT OCTAVES

COMPOSANT L'ÉTENDUE GÉNÉRALE DES VOIX ET DES INSTRUMENTS.

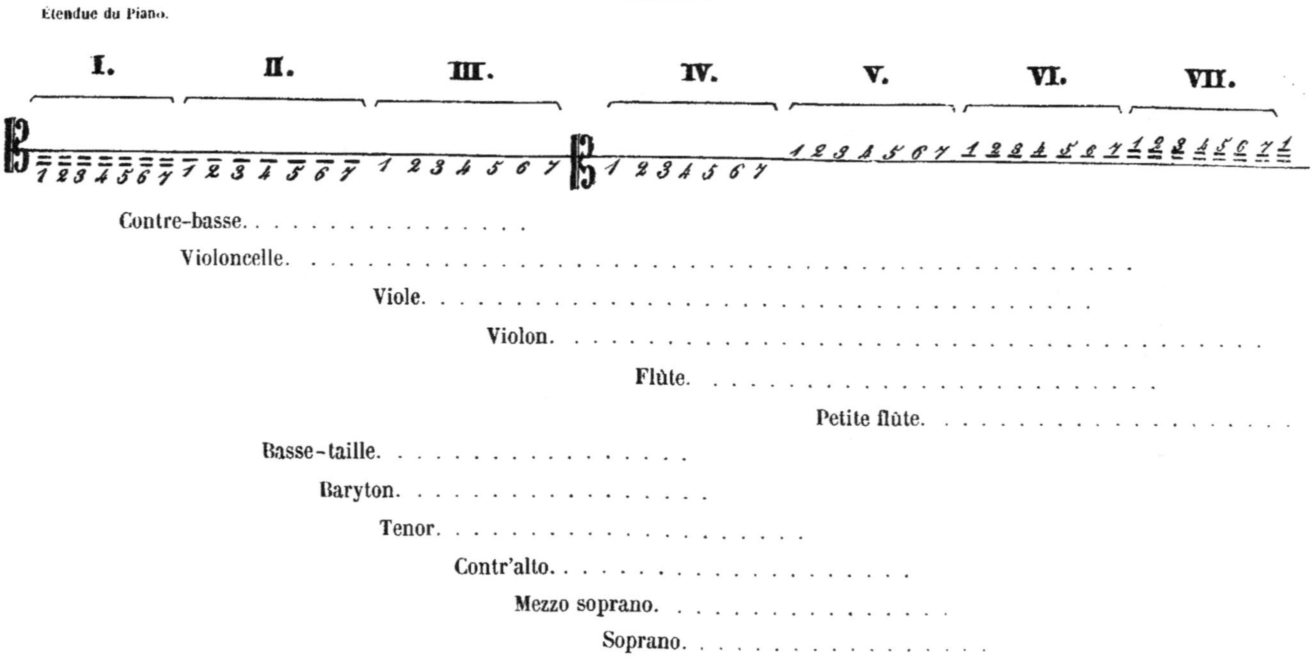

Deuxième Leçon.

DEGRÉS, INTERVALLES.

Il y a deux sortes de degrés : les conjoints et les disjoints. Les degrés conjoints marchent par mouvement diatonique. Les degrés disjoints marchent par intervalles de tierce, quarte, etc., etc.

Degrés conjoints.

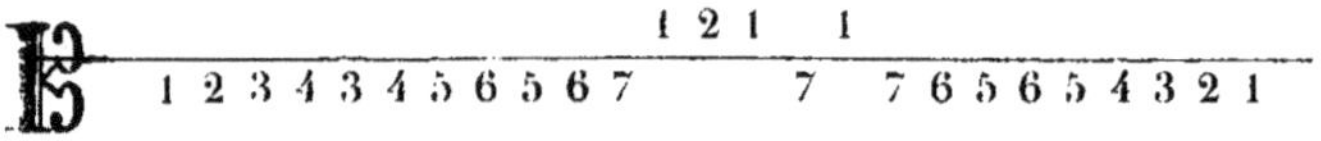

Degrés disjoints.

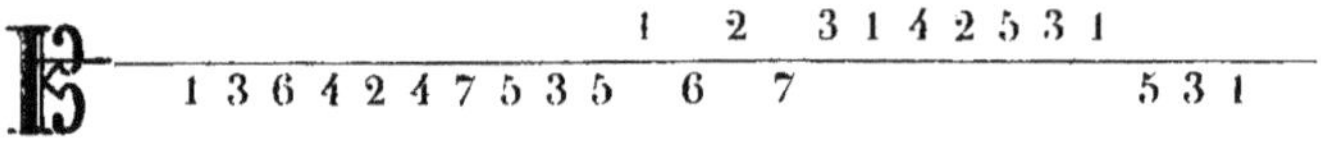

Les intervalles sont : simples, redoublés et altérés.

Les intervalles simples sont représentés par les chiffres qui déterminent leurs distances.

Intervalles simples.

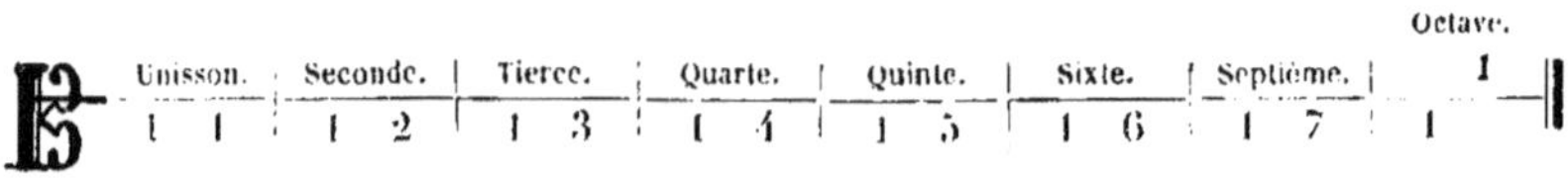

Intervalles redoublés.

Octave.	Neuvième.	Dixième.	Onzième.	Douzième.	Treizième.	Quator- zième.	Quinzième.
1	2	3	4	5	6	7	1
1	1	1	1	1	1	1	1

On renverse les intervalles en transportant le son grave à l'aigu, et *vice versa*.

Intervalles simples.

Unisson.	Seconde.	Tierce.	Quarte.	Quinte.	Sixte.	Septième.	Octave.
1 1	1 2	1 3	1 4	1 5	1 6	1 7	1 1
1	2	3	4	5	6	7	1
Octave.	Septième.	Sixte.	Quinte.	Quarte.	Tierce.	Seconde.	Unisson.

Renversements.

Nous renvoyons le tableau des intervalles altérés à la quatrième leçon.

Troisième Leçon.

ACCIDENTS, DEMI-TONS, MARCHES, MOUVEMENTS.

Il y a trois accidents ou signes altératifs qu'on appelle : dièze, bémol et bécarre.

Le dièze ♯ sert à hausser les notes d'un demi-ton.

Le bémol ♭ sert à baisser les notes d'un demi-ton.

Le bécarre ♮ remet dans son ton naturel la note altérée par le dièze ou le bémol.

Le double dièze 𝄪 hausse la note de deux demi-tons.

Le double bémol ♭♭ baisse la note de deux demi-tons.

Le bécarre simple détruit l'effet de ces doubles accidents.

Les demi-tons sont diatoniques ou chromatiques. Le demi-ton diatonique existe entre deux notes d'un nom différent.

Le demi-ton chromatique existe entre deux notes du même nom.

Demi-tons diatoniques.

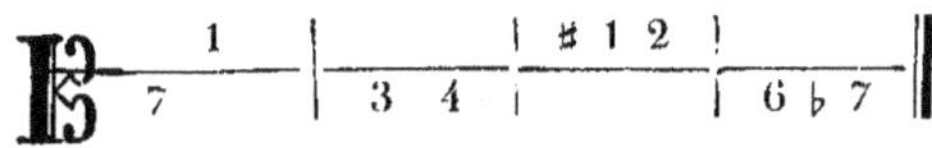

Demi-tons chromatiques.

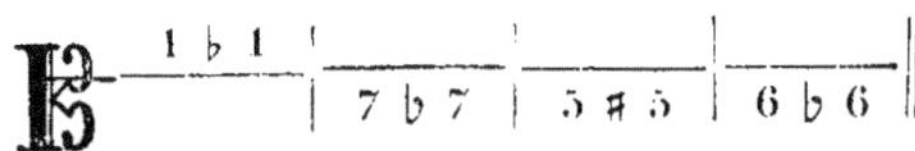

Ces altérations donnent lieu à trois marches qu'on nomme : diatonique, chromatique et enharmonique.

La marche diatonique procède par tons et demi-tons.

Marche diatonique.

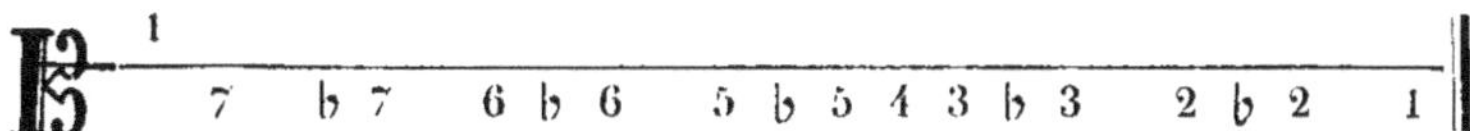

La marche chromatique procède par demi-tons.

Marche chromatique, ascendante par dièzes.

Marche chromatique, descendante par bémols.

La marche enharmonique n'est pas usitée en pratique. On est convenu, pour la facilité de l'exécution, d'identifier l'intonation des notes synonymes au moyen du tempérament. Nous expliquerons la différence qui existe entre ces notes.

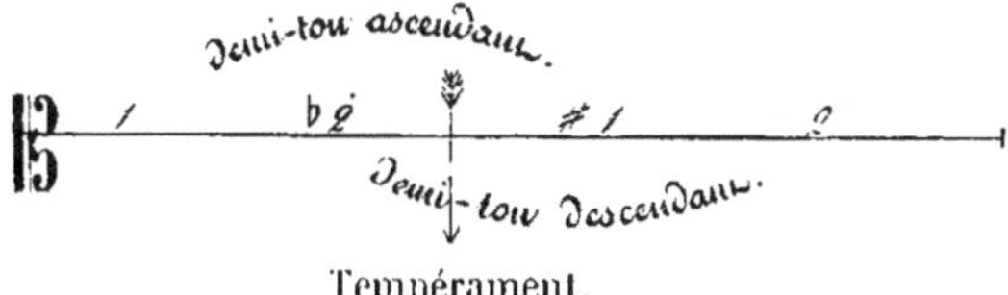

Tempérament.

Voici dans quel ordre la marche enharmonique serait écrite si elle était usitée.

Marche enharmonique.

Du reste, rien n'est moins fixe que la distance qui existe entre deux notes synonymes : *ut* ♯, note sensible de *re*, est attiré par cette dernière note, qu'il fait pressentir et désirer à l'oreille ; s'il était pris un peu bas, l'effet en serait dur, et, au contraire, plus il se rapproche du *re*, et plus son effet est agréable. Le *re* ♭ tient à descendre sur l'*ut* naturel, et, par la même raison, plus il s'en rapproche et plus son effet est doux. On peut se convaincre que ces degrés ne sont pas absolument fixes, en jouant sur le violon ou le violoncelle le passage suivant ; l'oreille n'est point choquée de ce rapprochement graduel, tandis qu'elle souffre du moindre éloignement.

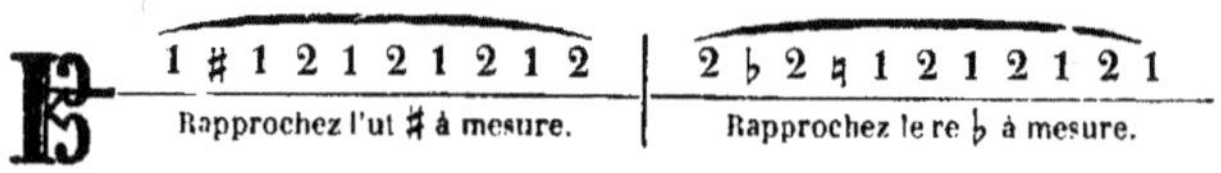

MOUVEMENTS.

Plusieurs parties chantées ensemble forment entre elles trois mouvements qu'on appelle : direct, oblique et contraire.

Le mouvement direct a lieu entre deux parties qui montent ou descendent en même temps.

Mouvement direct.

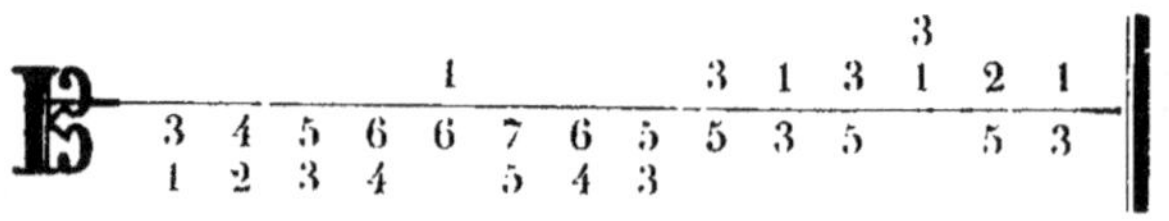

Le mouvement oblique a lieu entre deux parties dont l'une fait plus de notes que l'autre.

Mouvement oblique.

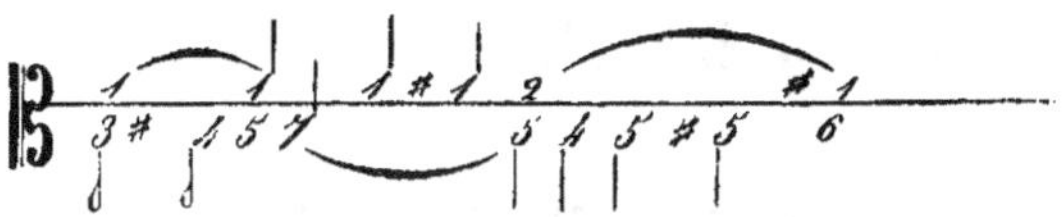

Le mouvement contraire a lieu entre deux parties dont l'une monte tandis que l'autre descend.

Mouvement contraire.

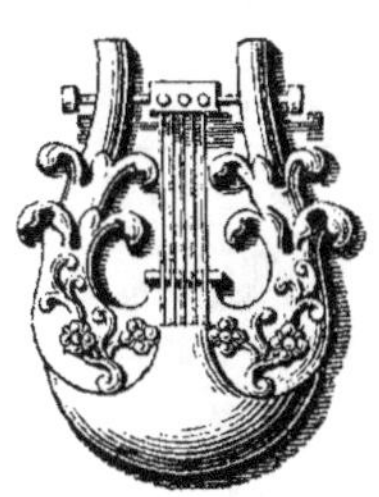

Quatrième Leçon.

INTERVALLES ALTÉRÉS ET SYNONYMES.

Secondes.

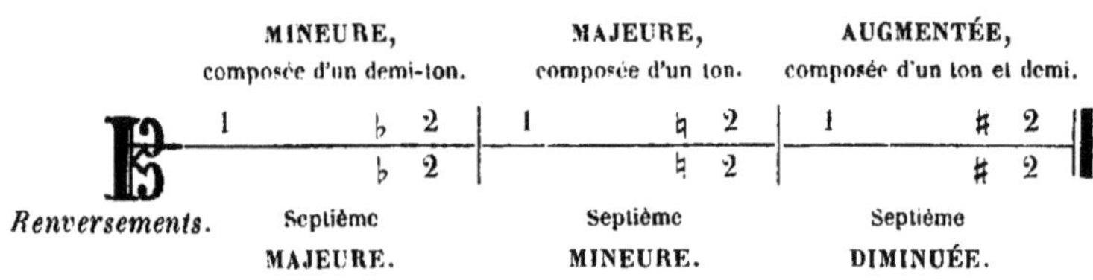

Tierces.

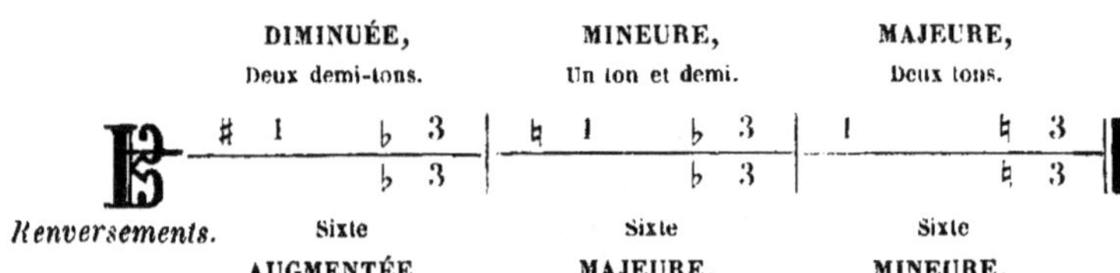

Quartes.

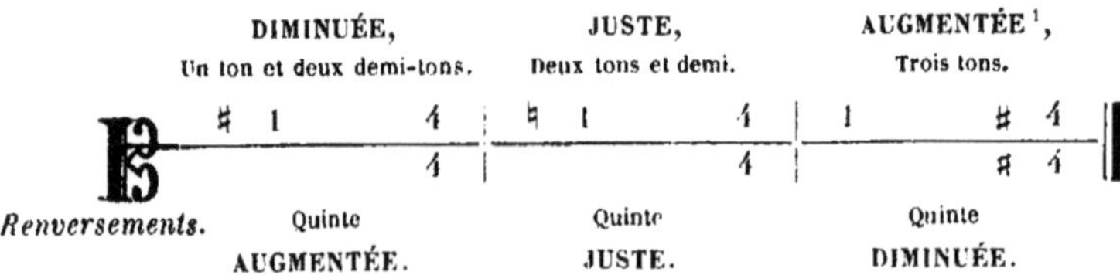

[1] On appelle cet intervalle *triton* à cause des trois tons dont il se compose.

Quintes.

DIMINUÉE,	JUSTE,	AUGMENTÉE,
Deux tons et deux demi-tons.	Trois tons et demi.	Quatre tons.

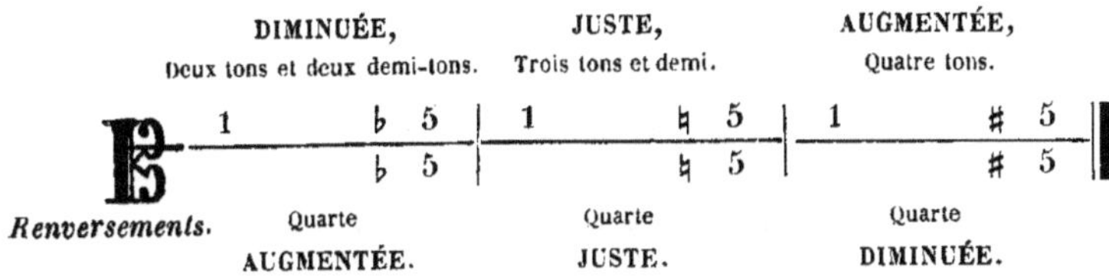

Renversements.

Quarte	Quarte	Quarte
AUGMENTÉE.	JUSTE.	DIMINUÉE.

Sixtes.

MINEURE,	MAJEURE,	AUGMENTÉE,
Trois tons et deux demi-tons.	Quatre tons et demi.	Quatre tons et deux demi-tons.

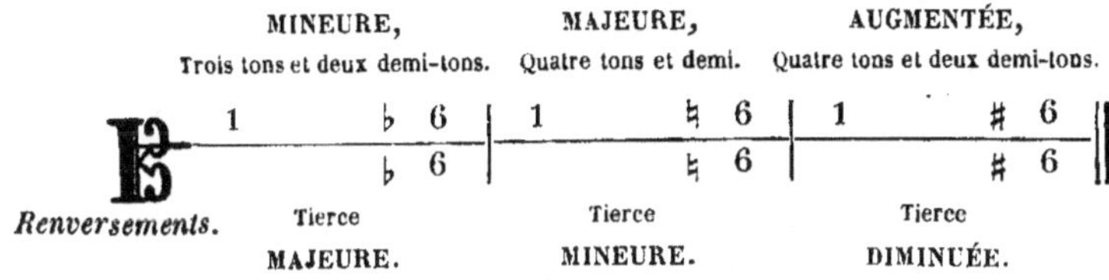

Renversements.

Tierce	Tierce	Tierce
MAJEURE.	MINEURE.	DIMINUÉE.

Septièmes.

DIMINUÉE,	MINEURE,	MAJEURE,
Trois tons et trois demi-tons.	Quatre tons et deux demi-tons.	Cinq tons et demi.

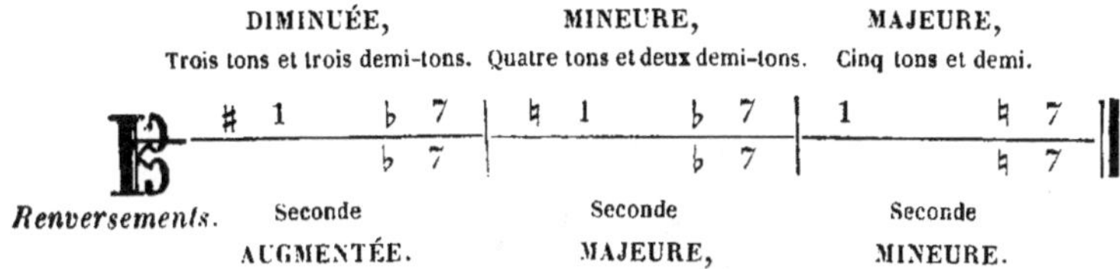

Renversements.

Seconde	Seconde	Seconde
AUGMENTÉE.	MAJEURE,	MINEURE.

Remarque. Toutes les quartes de la gamme naturelle sont justes, à l'exception de celle de *fa* à *si*, qui est augmentée. Toutes les quintes sont justes, excepté celle de *si* à *fa*, qui est diminuée.

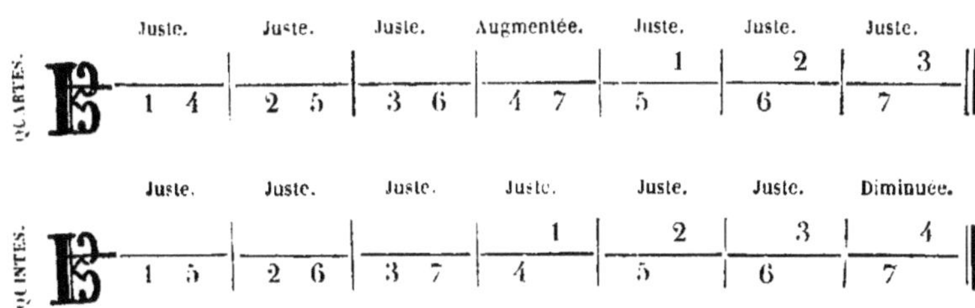

On diminue ces intervalles en mettant un ♯ à la note inférieure ou un ♭ à la note supérieure, et on les augmente en mettant un ♯ à la note supérieure ou un ♭ à la note inférieure.

Intervalles synonymes.

	Seconde MAJEURE.	Seconde AUGMENTÉE.	Tierce MAJEURE.	Quarte AUGMENTÉE.	Quinte AUGMENTÉE.	Sixte MAJEURE.	Sixte AUGMENTÉE.
	♯1 ♯2	♮1 ♯2	1 3	1 ♯4	1 ♯5	♯1 ♯6	♮1 ♯6
SYNONYMES.	♯1 ♭3	♮1 ♭3	1 ♭4	1 ♭5	1 ♭6	♯1 ♭7	♮1 ♭7
	Tierce DIMINUÉE.	Tierce MINEURE.	Quarte DIMINUÉE.	Quinte DIMINUÉE.	Sixte MINEURE.	Septième DIMINUÉE.	Septième MINEURE.

On devra insister sur la parfaite connaissance de ces intervalles, qu'on ne saurait confondre sans détourner la marche de l'harmonie.

Cinquième Leçon.

CONSONNANCES ET DISSONNANCES.

Les intervalles consonnants sont ceux dont les deux notes, frappées simultanément, produisent un effet agréable à l'oreille; ces intervalles sont :

La tierce,   la quinte,   la sixte   et l'octave.

Les intervalles dissonnants sont ceux dont les deux notes, résonnant en même temps, produisent un effet dur; ces intervalles sont :

La seconde   et   la septième.

La quarte est dissonnante lorsqu'elle est seule, et consonnante quand elle fait partie d'un accord parfait.

Quartes dissonnantes.   Quartes consonnantes.

On divise les consonnances en parfaites et imparfaites.

Les consonnances parfaites sont ainsi appelées, parce qu'elles deviennent dissonnantes si on les altère : ces intervalles sont la quinte et l'octave.

Consonnances parfaites inaltérables.

Les consonnances imparfaites peuvent être altérées sans devenir dissonnantes ; ces intervalles sont la tierce et la sixte.

Consonnances imparfaites.

Sixième Leçon.

MODES.

On distingue deux modes relatifs, qu'on nomme mode majeur et mode mineur. C'est l'intervalle de tierce qui caractérise le mode.

Gamme d'ut.

MODÈLE DES TONS MAJEURS.

Noms génériques des notes de la gamme.

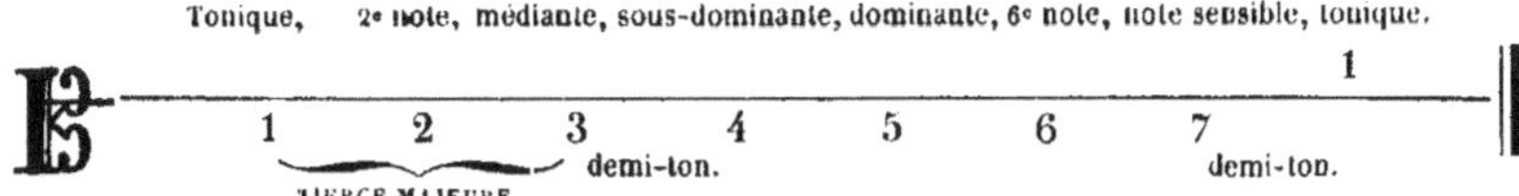

Dans le mode majeur, les deux demi-tons sont placés de la médiante à la sous-dominante, et de la note sensible à la tonique.

L'accord parfait se compose de la *tonique* qui détermine le ton, de la *médiante* ou note du milieu, qui détermine le mode, et de la *dominante*, qui est la plus élevée ; on l'appelle *parfait* parce qu'il ne contient aucune dissonnance.

Accord parfait majeur.

Gamme de la.

MODÈLE DES TONS MINEURS.

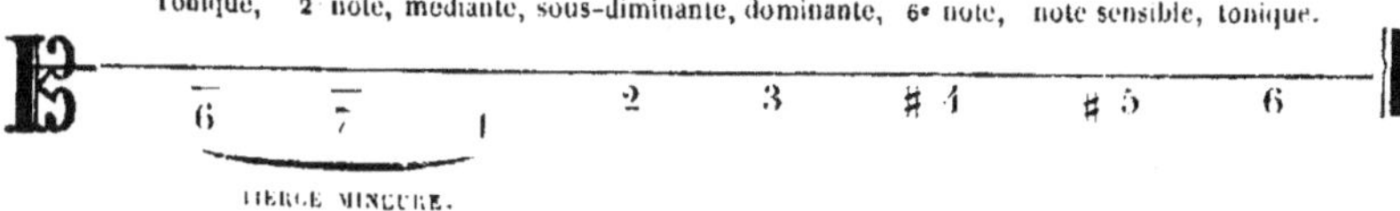

Les deux demi-tons, dans cette gamme, sont placés de la deuxième note à la médiante, et de la note sensible à la tonique ; en descendant on supprime cette altération.

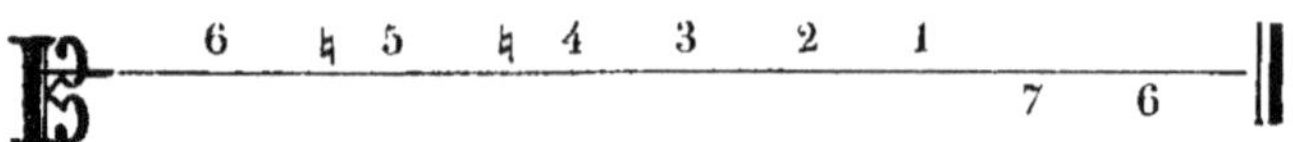

La gamme mineure française est la même en montant et en descendant : sa note sensible étant seule altérée, forme avec sa sixième note un intervalle de seconde augmentée.

Gamme mineure française.

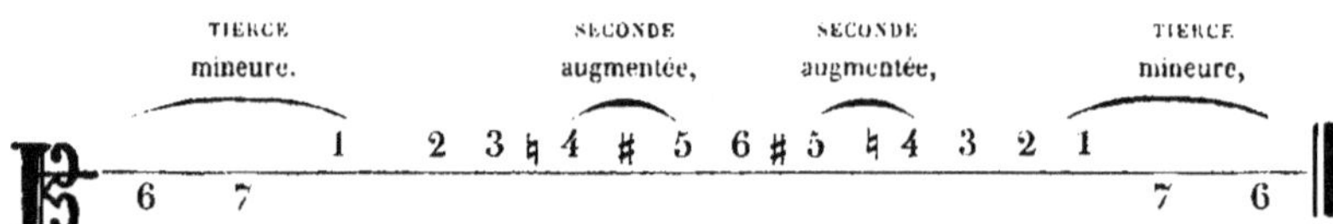

Accord parfait mineur.

Par les altérations, on transporte d'un degré à l'autre les combinaisons des deux modes ; voici dans quel ordre on place les accidents à la clef :

Les *dièzes* de quinte en quinte en montant, et de quarte en quarte en descendant.

Les *bémols*, de quinte en quinte en descendant, et de quarte en quarte en montant.

	si	mi	la	ré	sol	ut	fa.
		♭ 3		♭ 2		♭ 1	
	♭ 7		♭ 6		♭ 5		♭ 4

Le dernier *dièze* posé à la clef est la note sensible du ton majeur.

Le dernier *bémol* posé à la clef est une quarte au dessus de la tonique majeure.

Le ton mineur relatif est une tierce mineure au dessous du ton majeur ; sa note sensible le fait reconnaître.

Septième Leçon.

VALEURS, SILENCES, SYNCOPES.

De cette application des valeurs dépendait l'admission de cette nouvelle méthode; elle anéantit tous les doutes, toutes les objections : la routine même doit se rendre de bonne grâce à cette évidence.

Figures des notes.

Ronde.   blanche.   noire,   croche,   double croche,   triple croche.

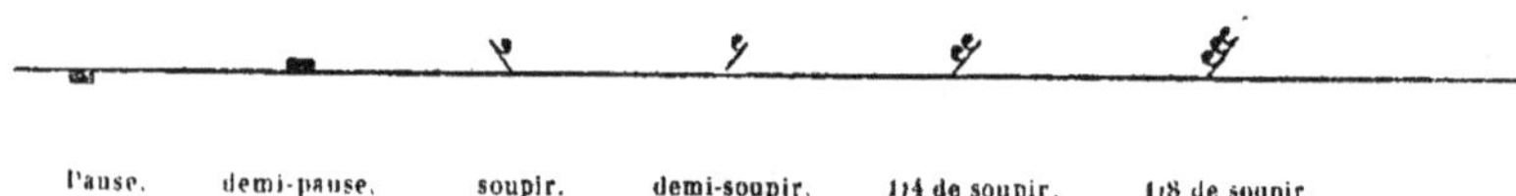

Silences équivalents.

Pause.   demi-pause,   soupir,   demi-soupir,   1/4 de soupir,   1/8 de soupir.

Valeur de la ronde.

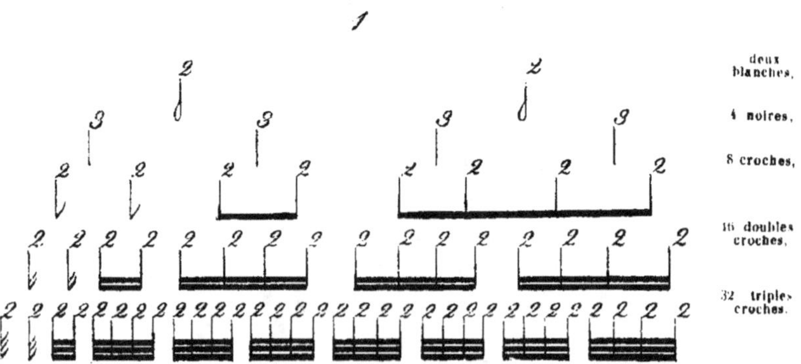

Valeur de la blanche.

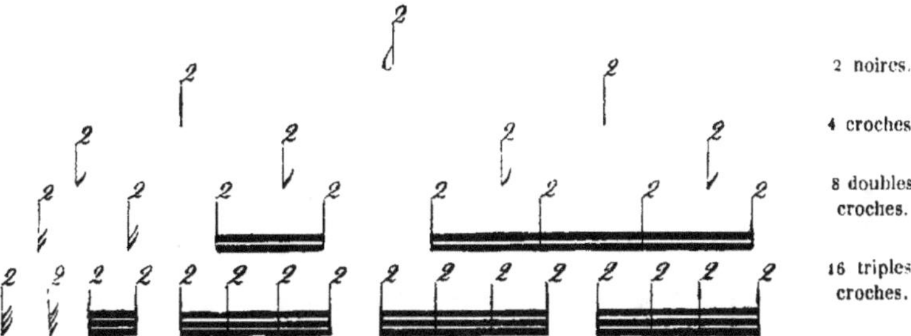

Valeur de la noire.

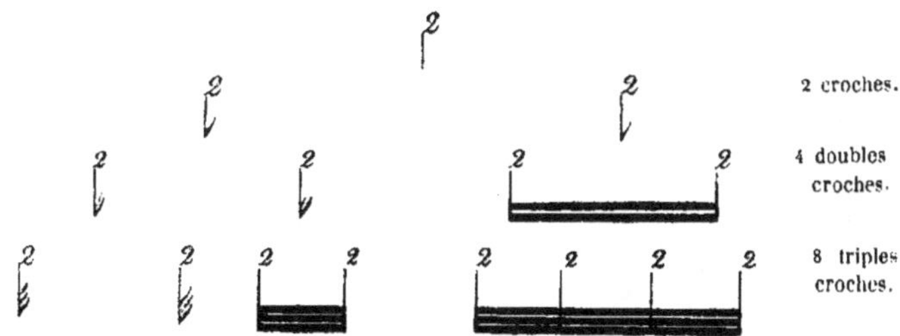

Valeur de la croche.

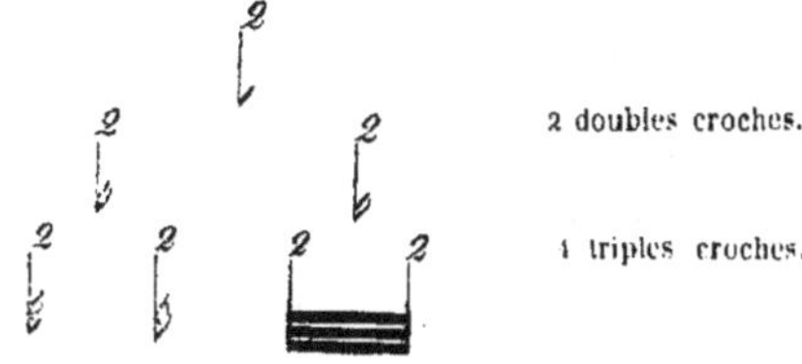

Valeur de la double croche.

Valeur du point simple et double.

Le point prolonge la note de la moitié de sa durée. On met aussi le point après les silences.

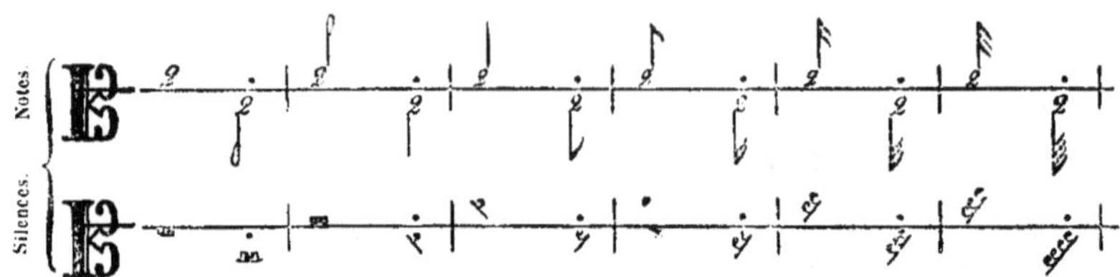

Le second point vaut la moitié du premier, le troisième, la moitié du second, etc., etc.

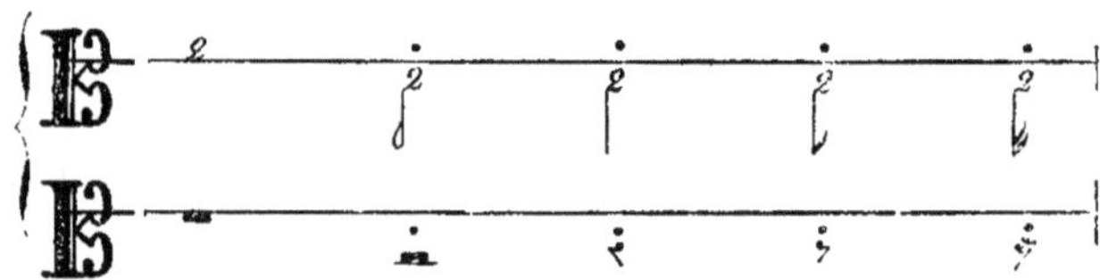

TRIOLETS.

On appelle ainsi des groupes de trois notes qui n'en représentent que deux en valeur réelle : on les désigne par un 3 renversé au dessus du groupe. La réunion de deux triolets se marque par un 6 renversé.

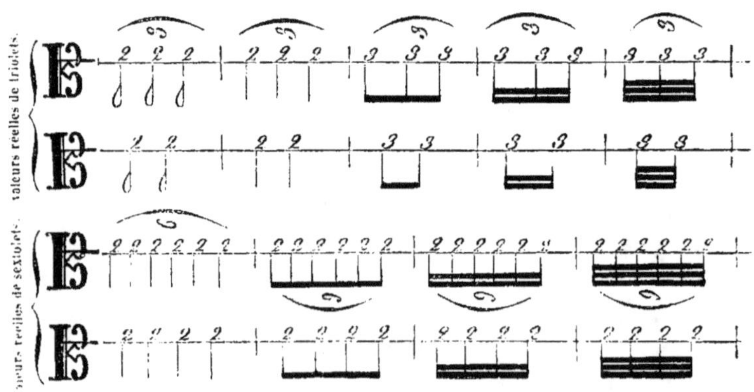

SYNCOPES.

On appelle syncope une note qui commence dans un temps et finit dans un des temps suivants. Il y en a de deux espèces qui sont : les syncopes naturelles et les syncopes brisées ; ces dernières se forment de deux notes unies par une liaison.

EXEMPLE.

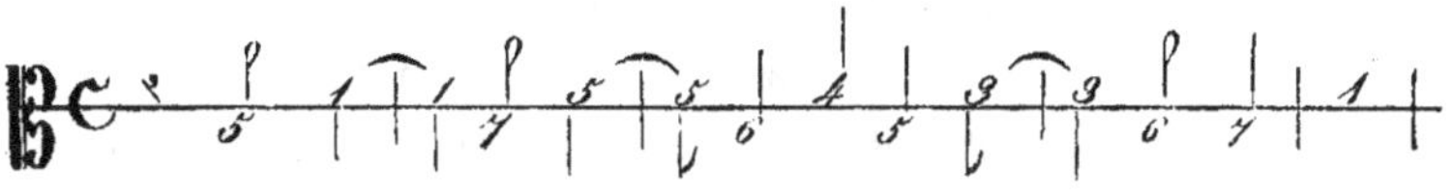

Huitième Leçon.

MESURES.

On distingue les mesures simples et les mesures composées. Les premières sont à 2, à 3 et à 4 temps. Elles sont la base des mesures composées, qui ne diffèrent d'elles que par la valeur des notes employées dans chacun de leurs temps. Avant de parler de la composition des mesures, il est nécessaire d'expliquer les diverses parties dont les temps sont formés.

On divise les mesures en temps forts et en temps faibles.

Dans la mesure à 2 temps, le premier temps est fort et le second temps faible.

Dans la mesure à 3 temps, le premier temps est fort et les deux derniers temps sont faibles.

Dans la mesure à 4 temps, le premier et le troisième temps sont forts, et le deuxième et le quatrième temps sont faibles.

Chaque temps a en outre sa partie forte et sa partie faible.

EXEMPLE.

Mesure à 2 temps.

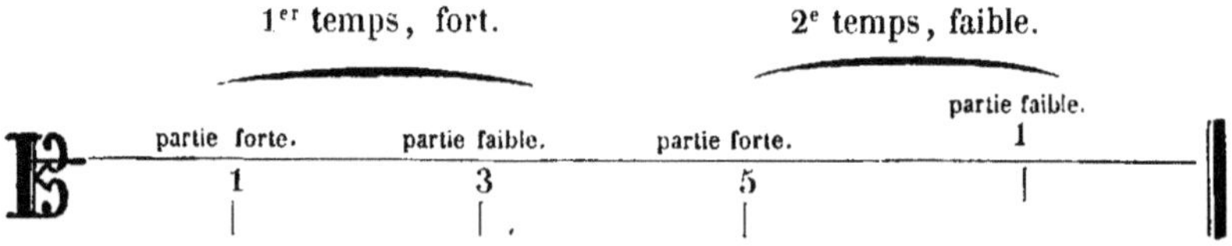

Ces différentes parties forment la prosodie musicale, sur laquelle la prosodie des paroles doit être rigoureusement appliquée dans le chant.

MESURES SIMPLES.

On indique la mesure à 2 temps par un **2** ou un **C** barré. Cette mesure contient deux blanches ou une ronde.

On indique la mesure à 5 temps par un **3**; elle contient trois noires ou une blanche pointée.

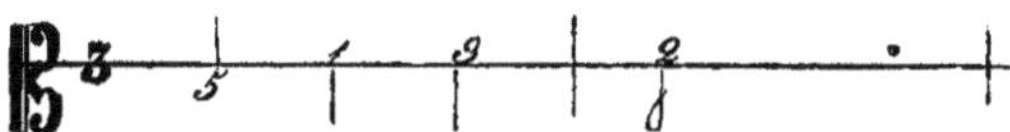

On indique la mesure à 4 temps par un **C**; elle contient quatre noires ou une ronde.

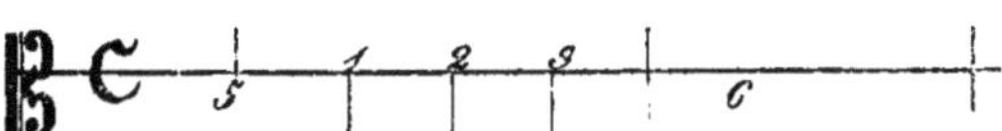

Manières de battre les diverses mesures.

à 2 temps.   à 3 temps.   à 4 temps.

MESURES COMPOSÉES.

Le nombre des mesures composées ne saurait être limité. Les plus usitées sont les suivantes :

A 2 temps.

2 rondes.

2 noires.

2 croches.

6 blanches.

6 noires.

6 croches.

A 3 temps.

3 blanches.

3 croches.

9 noires.

9 croches.

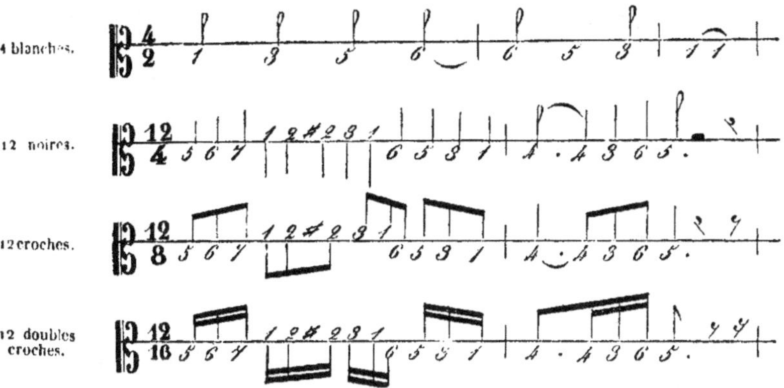

MESURES IRRÉGULIÈRES.

Quelques auteurs ont fait usage des mesures irrégulières, mais dans très peu de cas. *Boïeldieu* a employé la mesure à 5 temps avec beaucoup de discernement et de succès dans l'air de la *Dame blanche : Viens, gentille dame.* Ce rhythme inégal exprime parfaitement l'impatience. Dans des mouvements moins vifs, les mesures irrégulières répandent sur les pensées musicales une indécision mélancolique, un mysticisme poétique qui ne sont pas sans charme [1]. Les plus communes de ces mesures sont les deux suivantes :

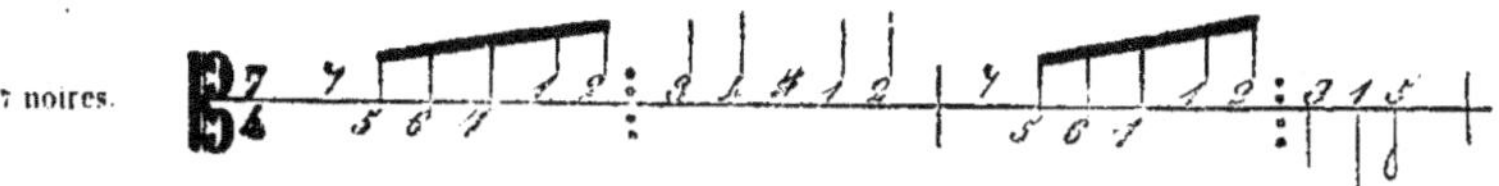

[1] L'auteur de cette méthode a composé un caprice sur les mesures irrégulières, pour violoncelle et piano. — Chez Ad. Catelin, éditeur, rue du Coq-Saint-Honoré.

A 7 temps

5 noires.

Neuvième Leçon.

AGRÉMENTS DU CHANT, NUANCES.

Les agréments du chant consistent en trilles, groupes, appoggiatures, portamenti, points d'orgue, liaisons, etc. Toutes les petites notes qui les composent sont *outre-valeur* dans la mesure ; on ne saurait fixer leur mouvement. Chaque chanteur ou exécutant instrumentiste a une manière de les exprimer qui lui est propre, et de même que plusieurs figures peuvent être également belles sans se ressembler, les moyens d'expression les plus opposés peuvent être également bons.

Trilles.

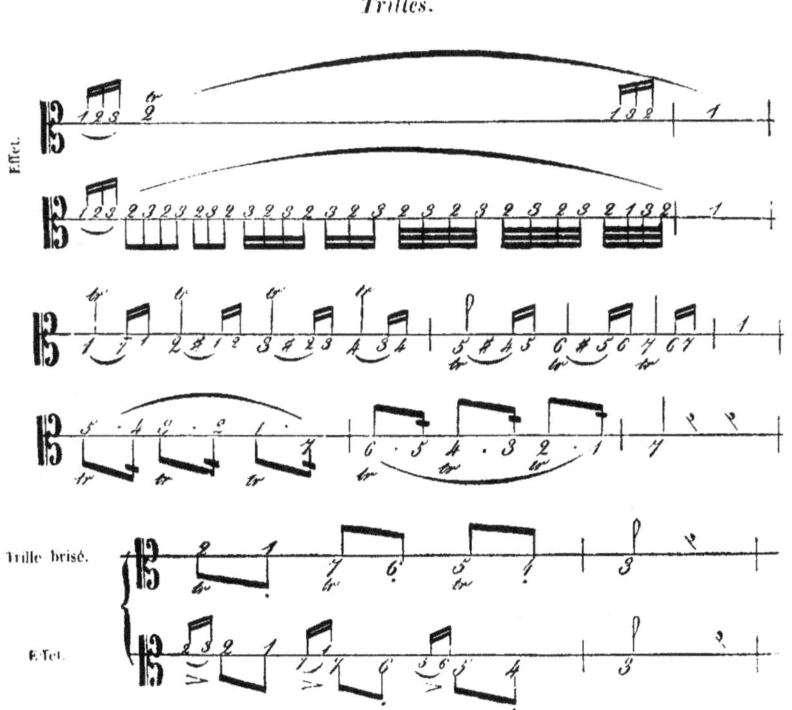

Gruppetti.

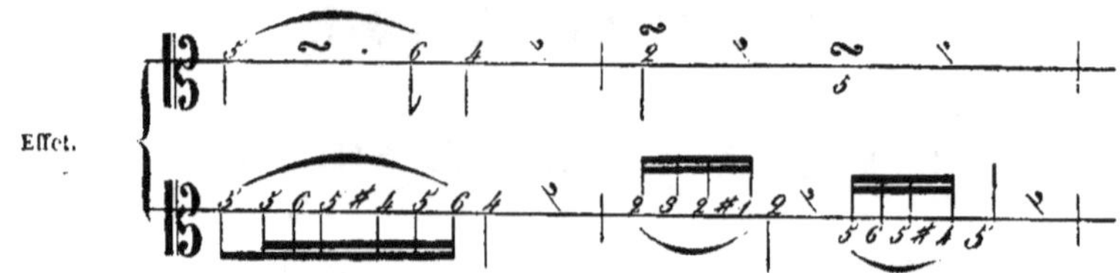

Appoggiature.

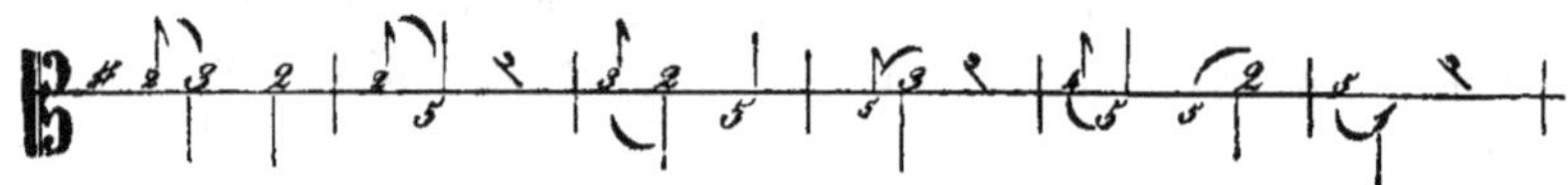

Portamenti.

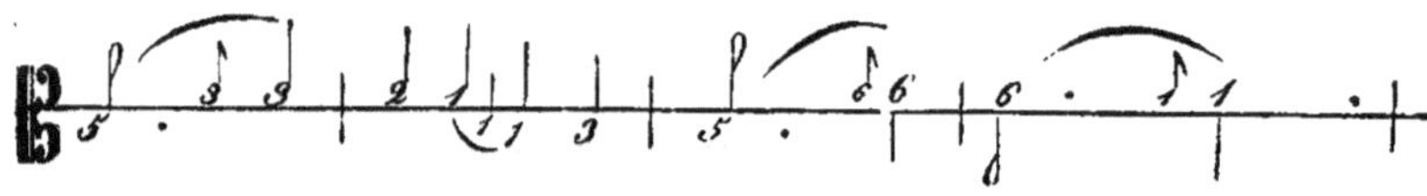

Notes détachées et liées.

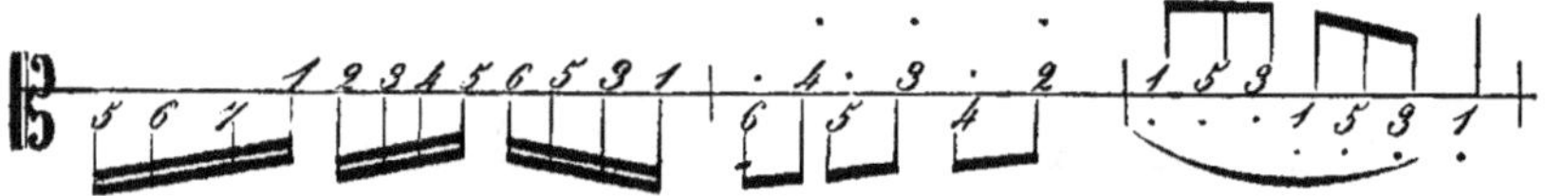

POINT D'ORGUE.

Le point d'orgue ⌢ indique un repos plus ou moins long, selon le mouvement et l'expression du morceau ; ce repos est parfois suivi de quelques fioritures que les Italiens appellent *cadenza*, et que pour l'ordinaire les solistes improvisent.

NUANCES.

Comme les nuances animent un tableau, elles donnent au chant l'expression et la vie. Pour traduire fidèlement aux yeux les impressions de l'âme,
les caprices de la pensée, toute phonographie est impuissante. Cependant,
quelques signes ingénieusement appliqués peuvent guider l'exécutant sur
les effets principaux : il devine le reste, si la nature ne l'a pas déshérité du
sens musical ; s'il en est autrement, je plains le compositeur qu'il se
charge d'interpréter.

SIGNES PRINCIPAUX.

p. *piano,* doux.   *pp.* *pianissimo,* très doux.   *f.* fort.   *ff.* très fort.

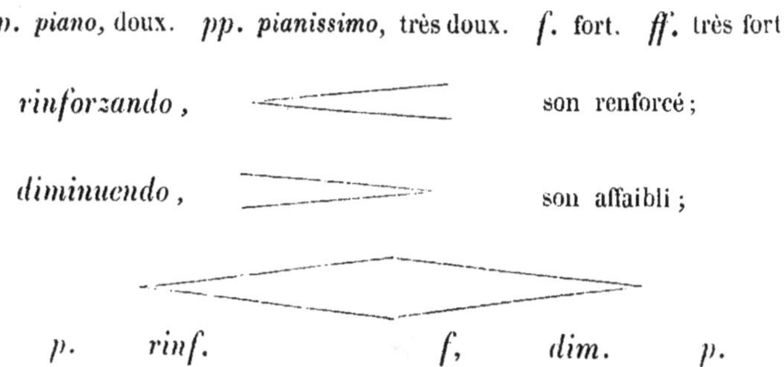

rinforzando ,   son renforcé ;

diminuendo ,   son affaibli ;

p.   *rinf.*   *f,*   *dim.*   *p.*

dolce , doux.   *dolciss.* très doux.   *f.* > son brusqué , ∨. On em-
ploie ce dernier lorsqu'une seule note doit être forte au milieu d'un
trait ou d'un chant.

RETARD, TEMPO DISTURBATO.

On retarde souvent le mouvement à la chute d'une phrase dont on
semble faire désirer la dernière note ; ce moyen artificiel, ménagé avec
goût, est d'un bon effet ; mais, hélas ! combien de chanteurs ou instru-

mentistes en abusent et se contractent en même temps la physio-
nomie pour donner de l'expression *quand même* aux morceaux les plus
insignifiants ! Cette manie de jeter constamment de l'indécision dans la
mesure a les plus graves inconvénients et nuit beaucoup à l'ensemble ; il
arrive souvent que le chanteur, possédé instantanément par une de ces
inspirations convulsives, jette son *tempo disturbato*, quelquefois même
un *point d'orgue*, au milieu d'un rhythme d'accompagnement régulier dont
l'effet devient insoutenable. Les compositeurs ont bien soin d'indiquer
leurs intentions à cet égard ; mais leurs avis sont rarement écoutés. Que les
chanteurs cherchent donc la véritable expression dans la musique elle-
même ; si l'auteur manque d'âme, d'énergie, de sensibilité, de pensée
enfin, l'exécutant aura beau s'évertuer à sentir plus que lui et à tracasser
le rhythme et la mesure, il ne parviendra pas à lui donner ces précieuses
qualités, sans lesquelles la peinture est un froid dessin, la poésie du
verbiage, et la musique du bruit.

Dixième Leçon.

INTERVALLES PLAQUÉS, ACCORDS, ABRÉVIATIONS, REPRISES, RENVOIS.

Tierces plaquées.

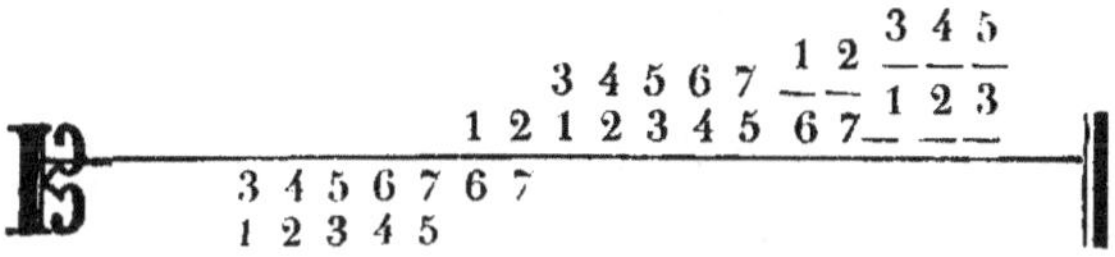

Sixtes plaquées.

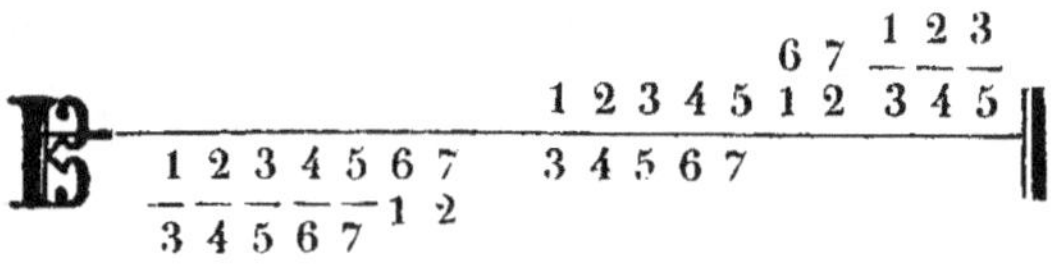

Octaves plaquées.

On supprime les petites barres qui séparent une note de son octave.

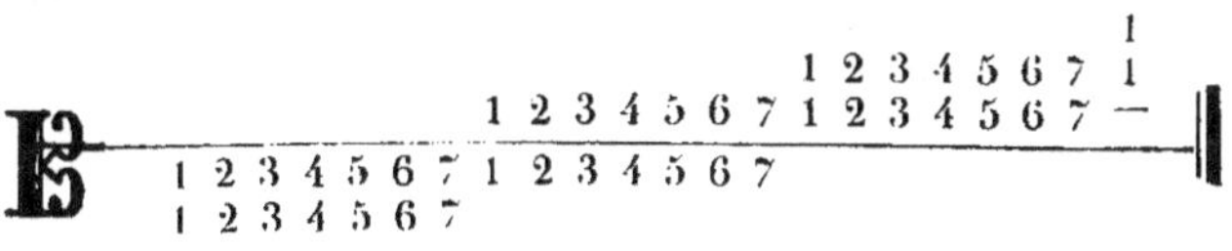

Dixièmes plaquées.

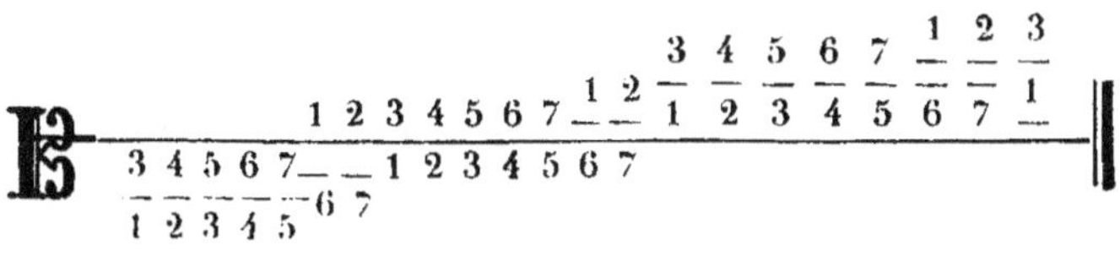

Accords plaqués.

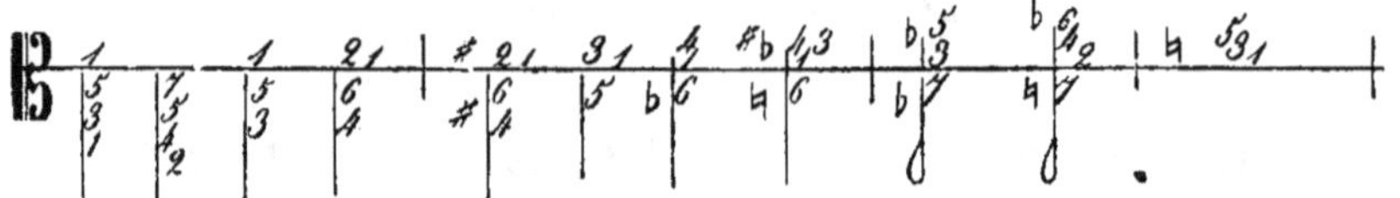

Abréviations.

La reprise est indiquée par deux barres verticales , les deux points se mettent du côté de la reprise qu'il faut redire.

Barres finales.

Le renvoi ⅏ est un signe de reprise; le second que l'on rencontre indique le retour au premier.

Leçon supplémentaire.

Il est nécessaire que j'explique aux compositeurs de quels moyens je me sers pour indiquer le doigté des instruments : je remplace les chiffres par des lettres.

Piano.

POUR LES DEUX MAINS.

pouce,   index,   médius,   annulaire,   auriculaire.
a.   b.   c.   d.   e.

Main droite, S.   **Main gauche, D.**

Violon.

premier doigt,   second doigt,   troisième doigt,   quatrième doigt.
a.   b.   c.   d.

Corde à vide = o

Violoncelle.

pouce,   premier doigt,   deuxième doigt,   troisième doigt,   quatrième doigt.
x.   a.   b.   c.   d.

Corde à vide = o

Pour l'acquit de ma conscience, j'ajoute ici une ligne de *basse chiffrée*. Les musiciens qui s'occupent d'harmonie sont censés n'avoir plus rien à démêler avec les difficultés de la lecture. Il serait donc hors de propos de demander s'ils ne confondront pas les chiffres des accords avec les notes.

Afin de tenir autant que possible les notes sous la portée, on met la clef au dessus.

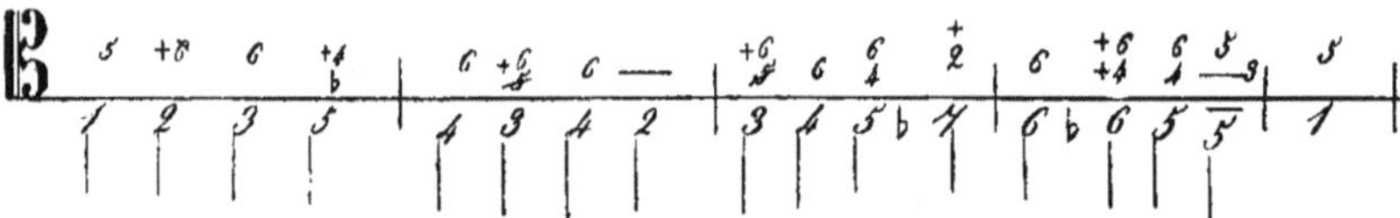

Application

LEÇONS ÉLÉMENTAIRES

EXERCICES PRÉLIMINAIRES.

nommez ces notes très vite.

Nombres impairs.

Nombres pairs.

Progressions de Tierces.

Le professeur pourra écrire lui-même les
progressions de Quartes, de Quintes, Sixtes et
Septièmes d'après ce modèle, et exercer l'élève à
en nommer les notes très vite sans les
chanter; après ce travail, il sera préparé à l'étude
des leçons suivantes.

I

Mouvement diatonique.

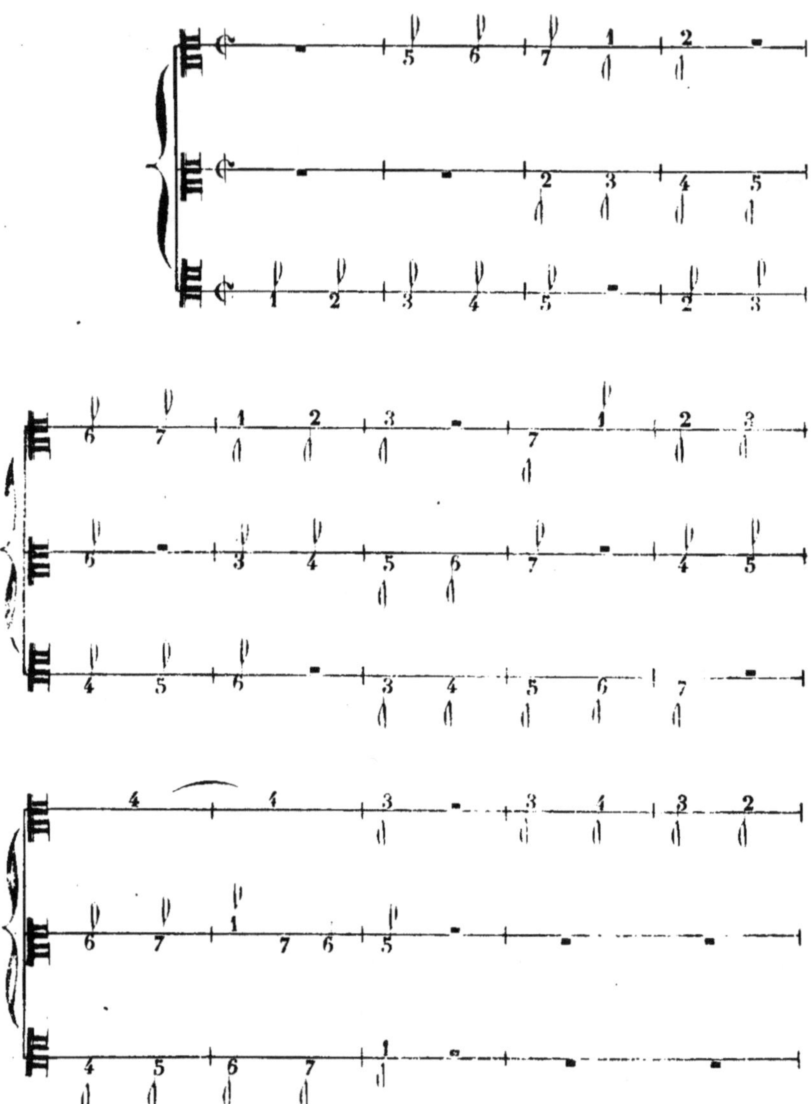

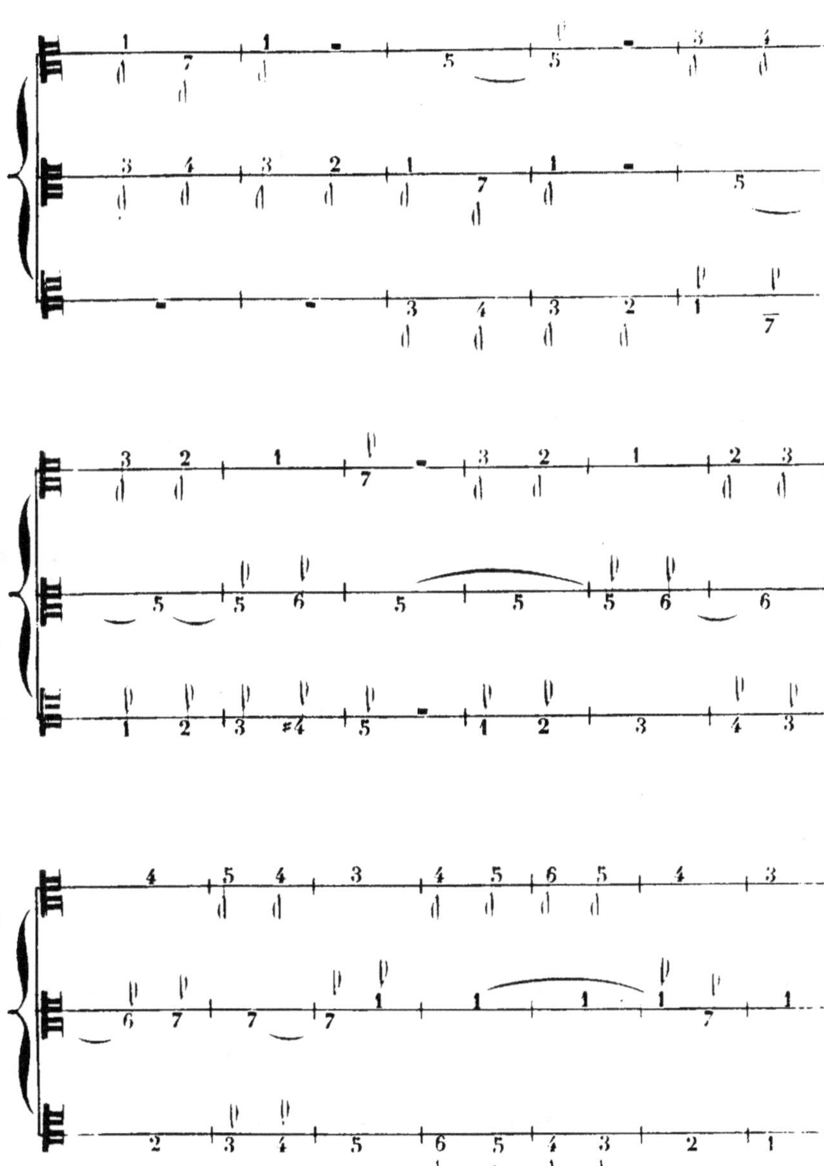

II

Mouvement de Tierce.

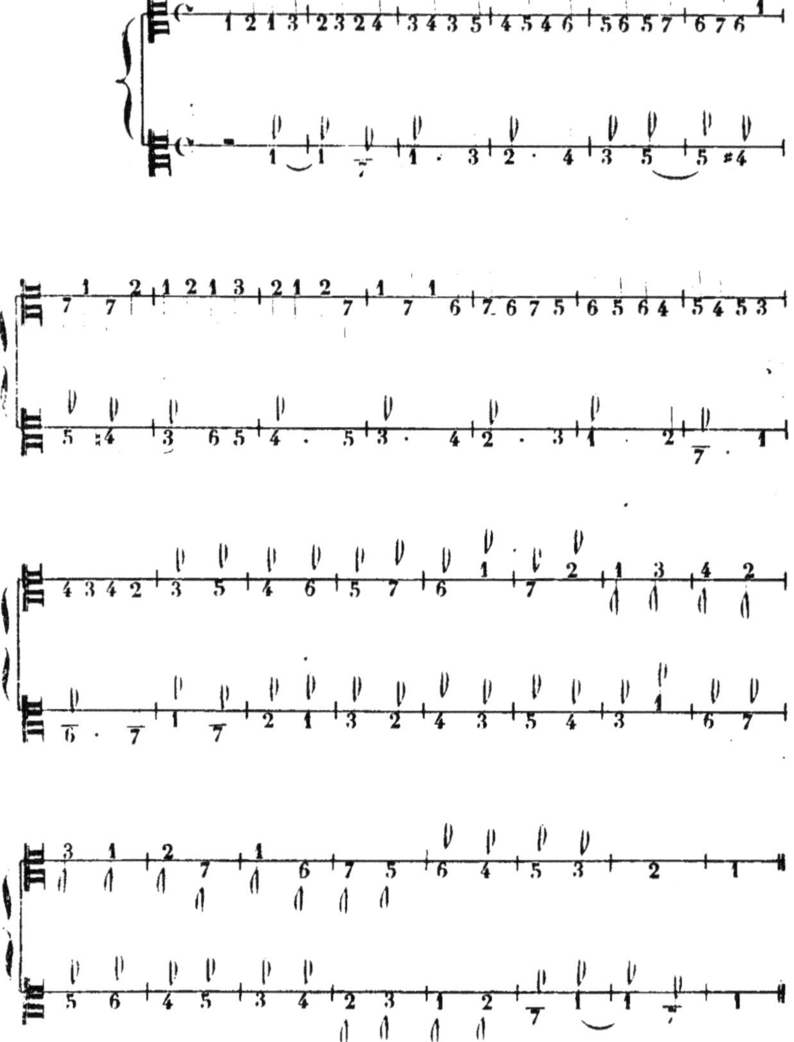

III

Mouvement de Quarte.

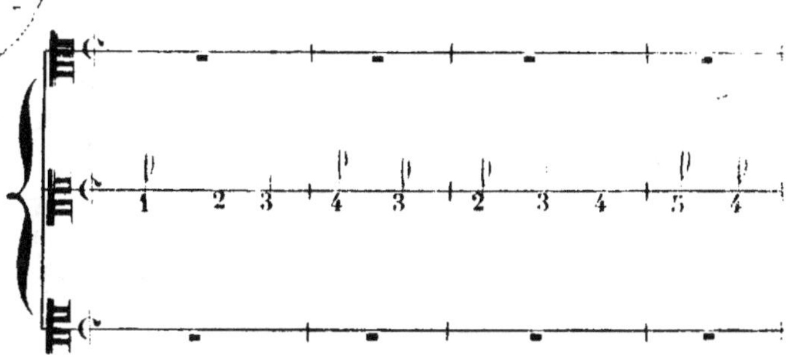

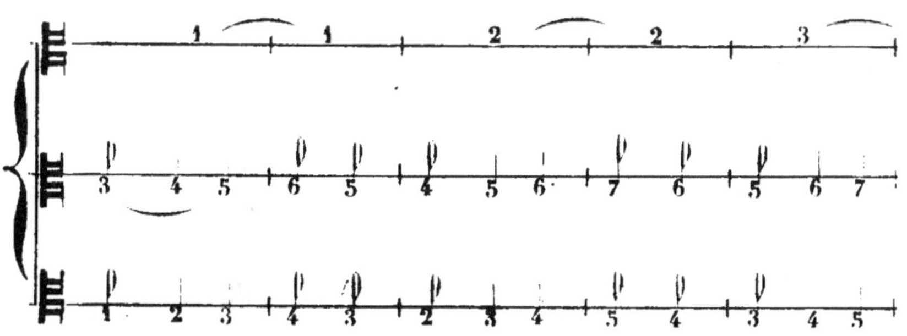

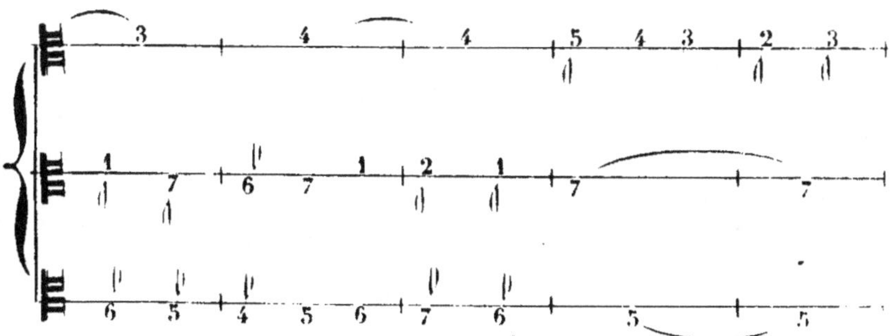

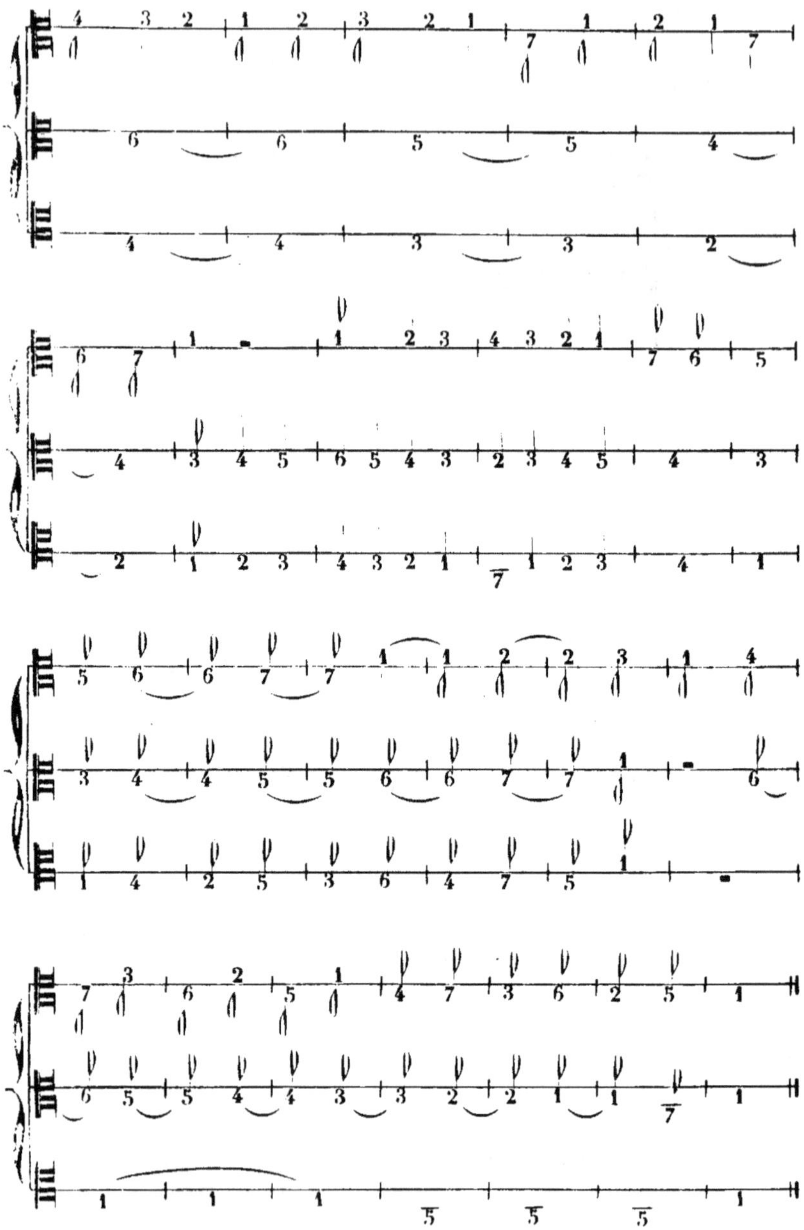

IV

Mouvement de Quinte.

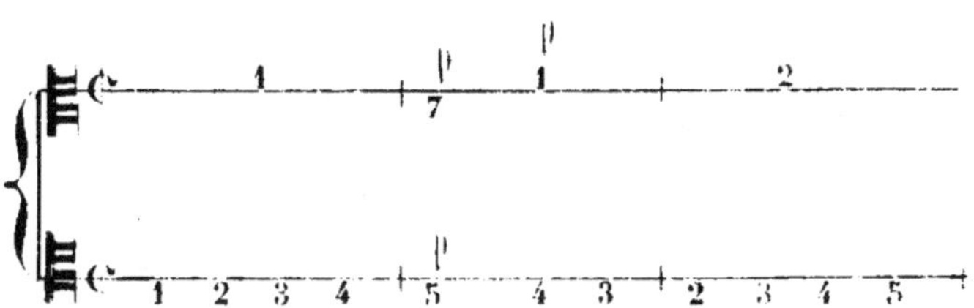

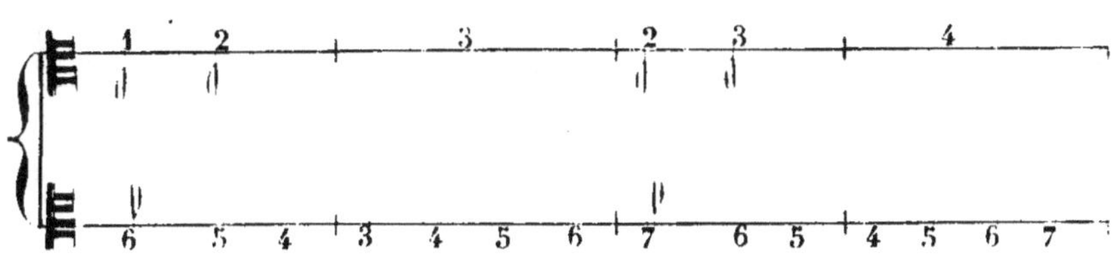

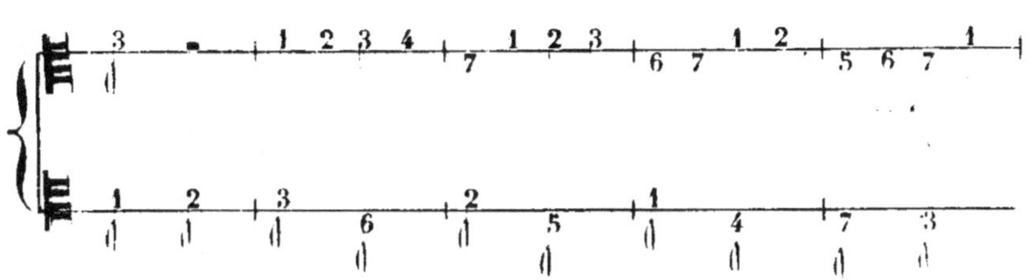

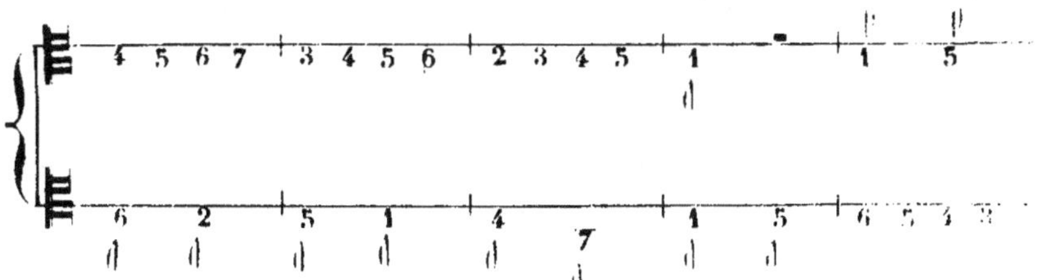

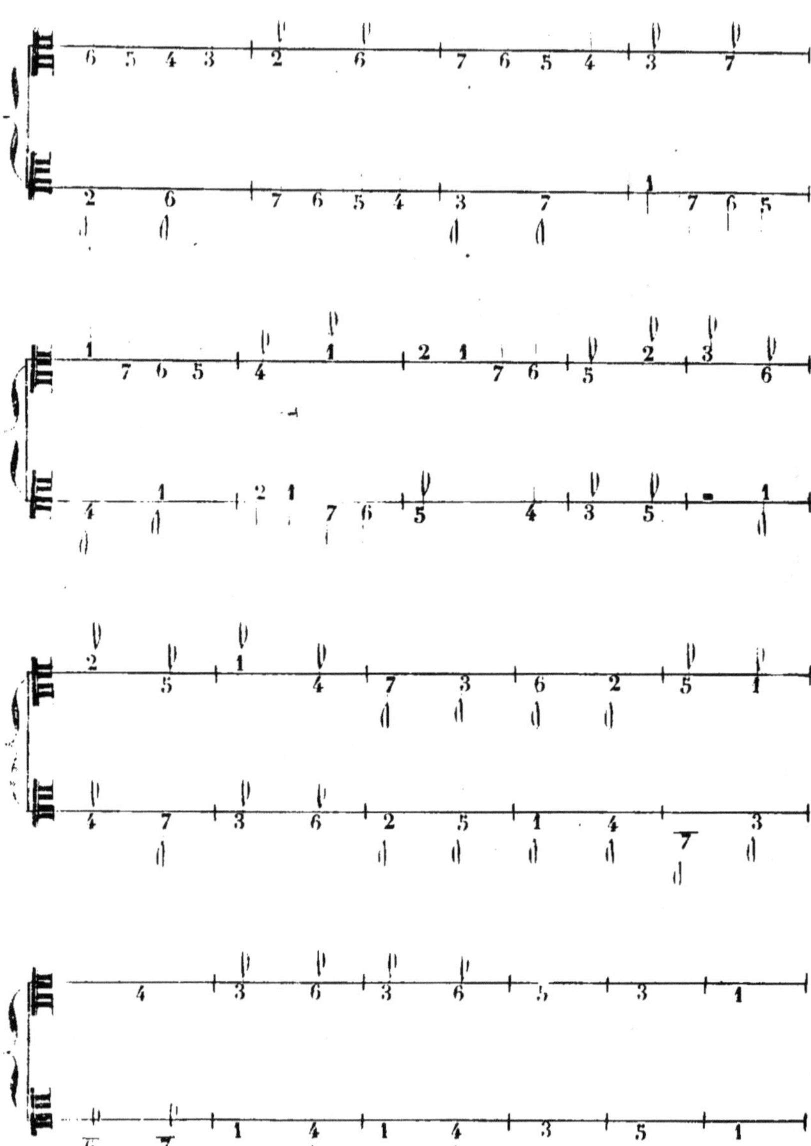

V

Mouvement de Sixte.

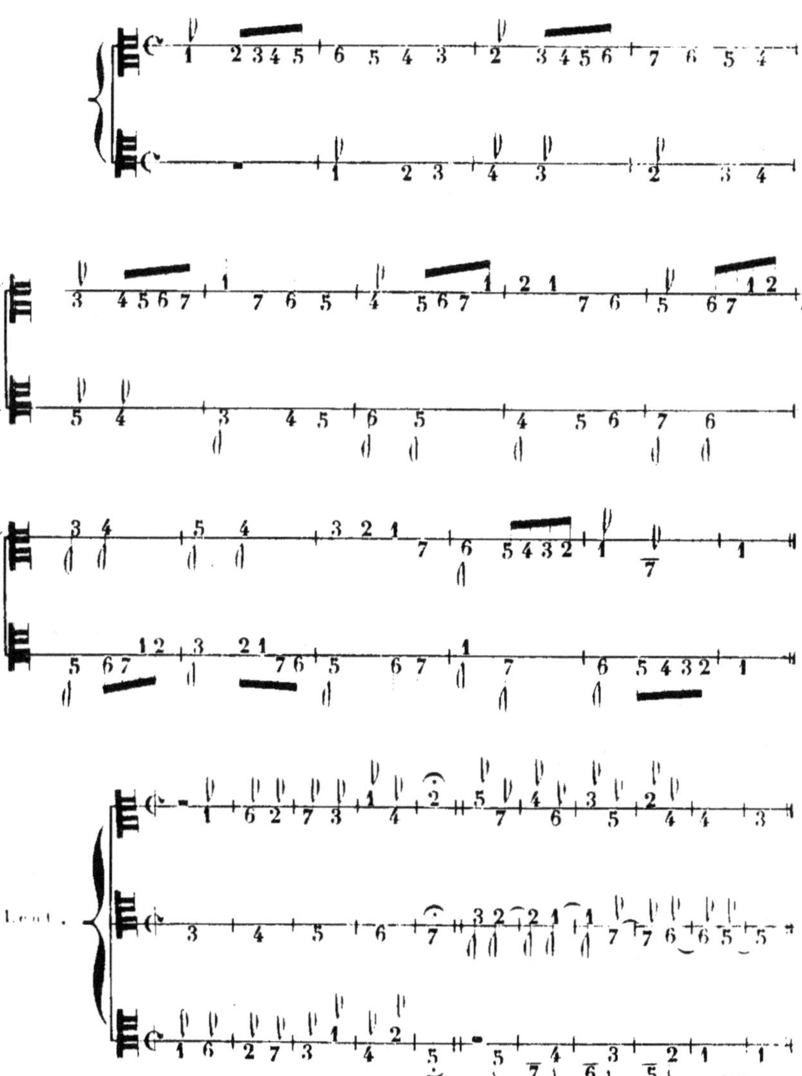

VI

Mouvement de Septième.

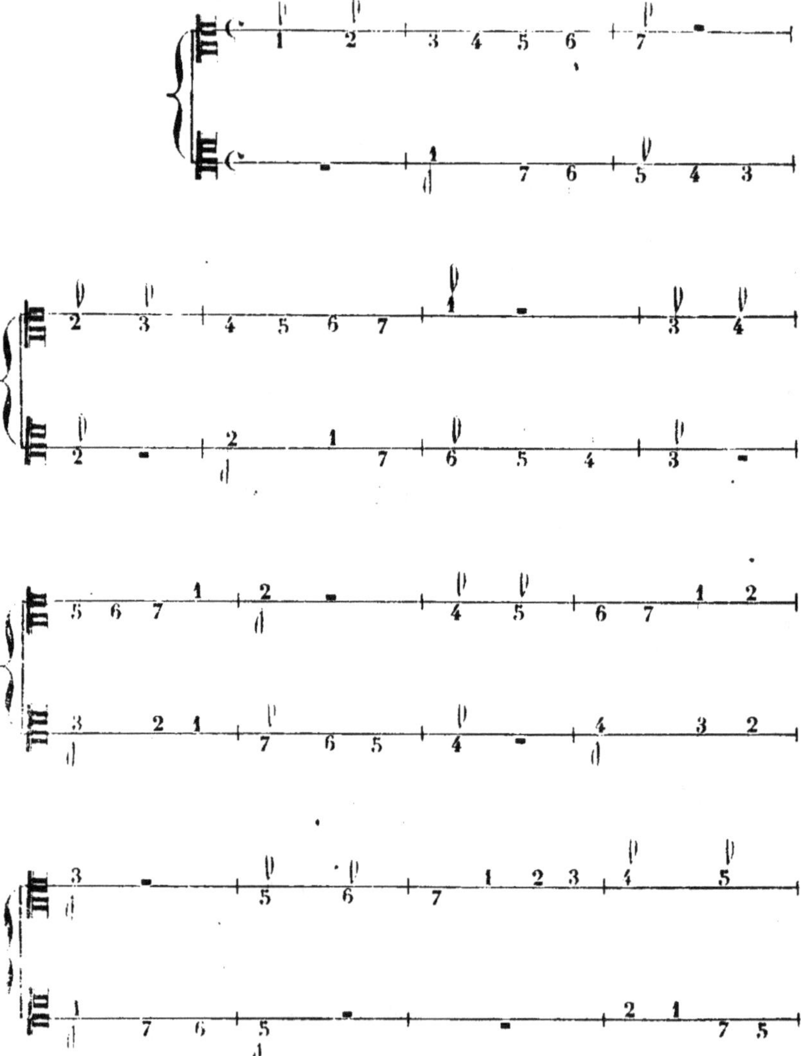

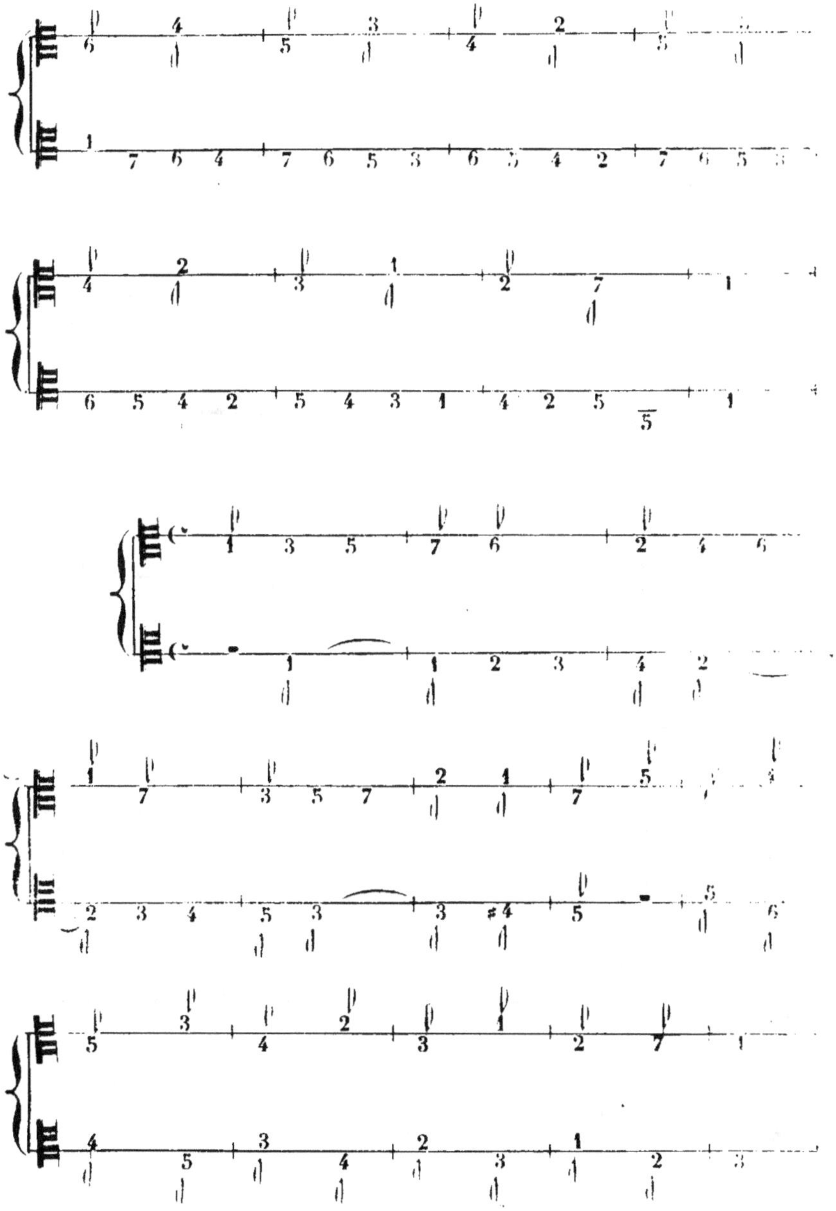

VII

Mouvement d'Octave.

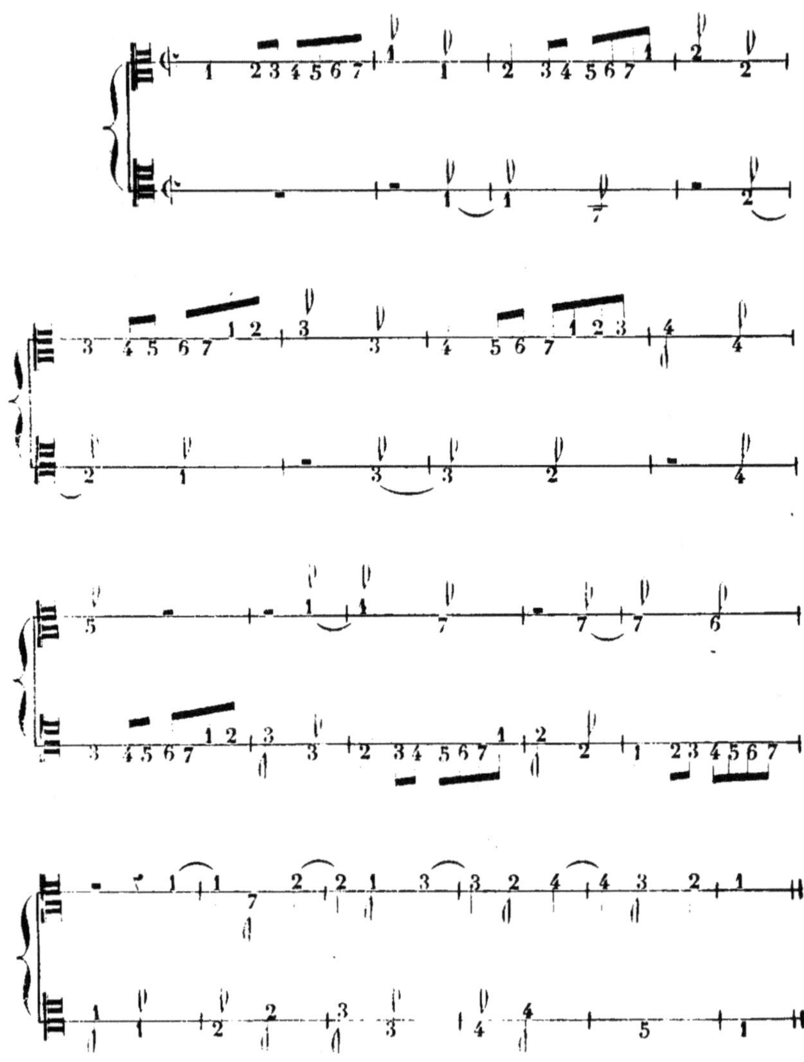

VIII

Modes.

Modèle des Tons majeurs.

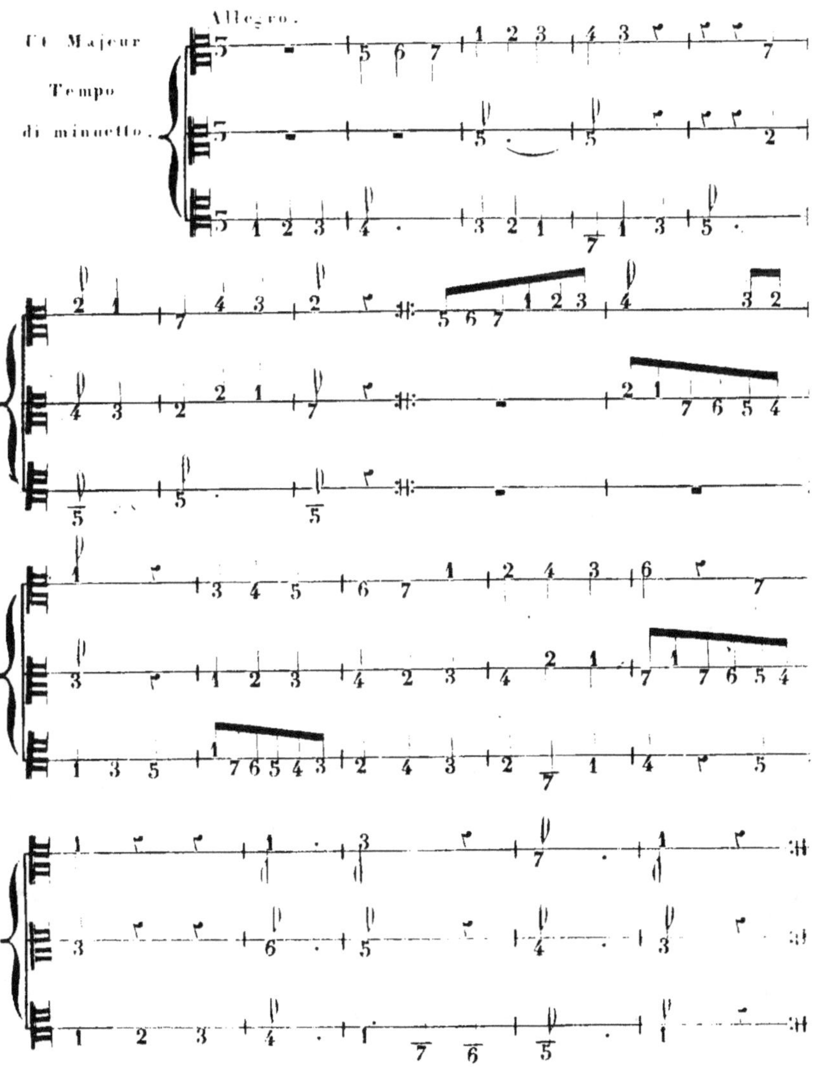

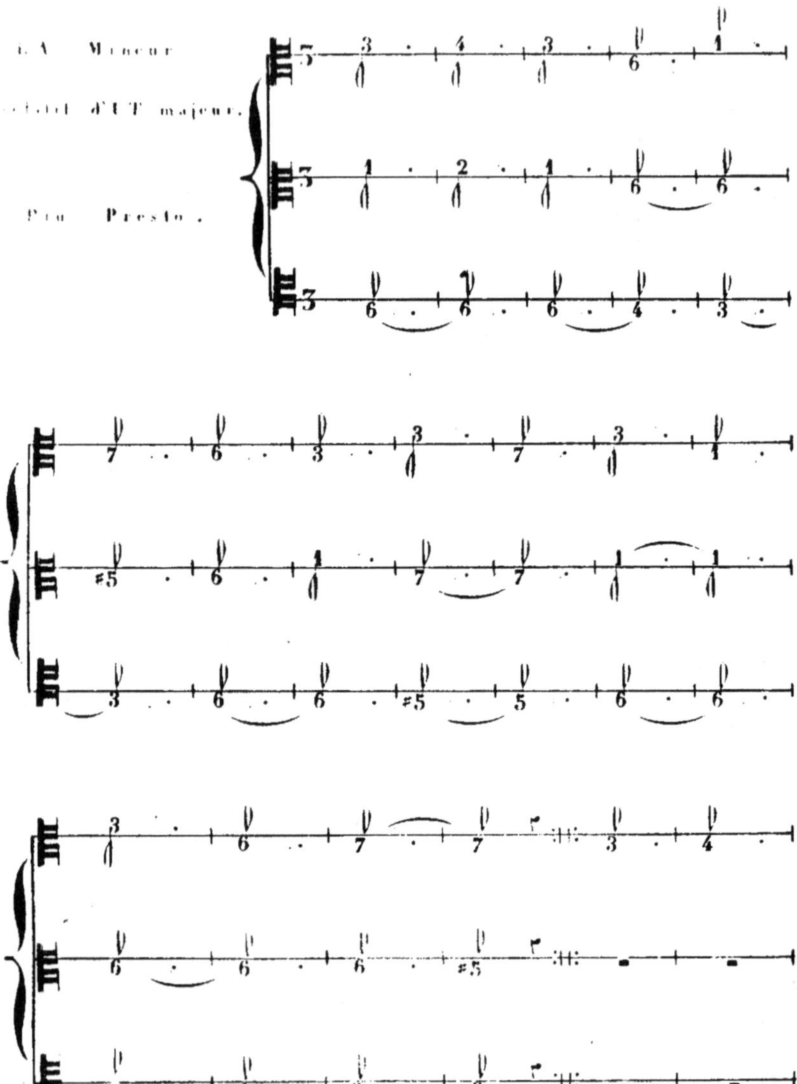
TRIO.
Modèle des Tons mineurs.
LA Mineur
relatif d'UT majeur.
Piu Presto.

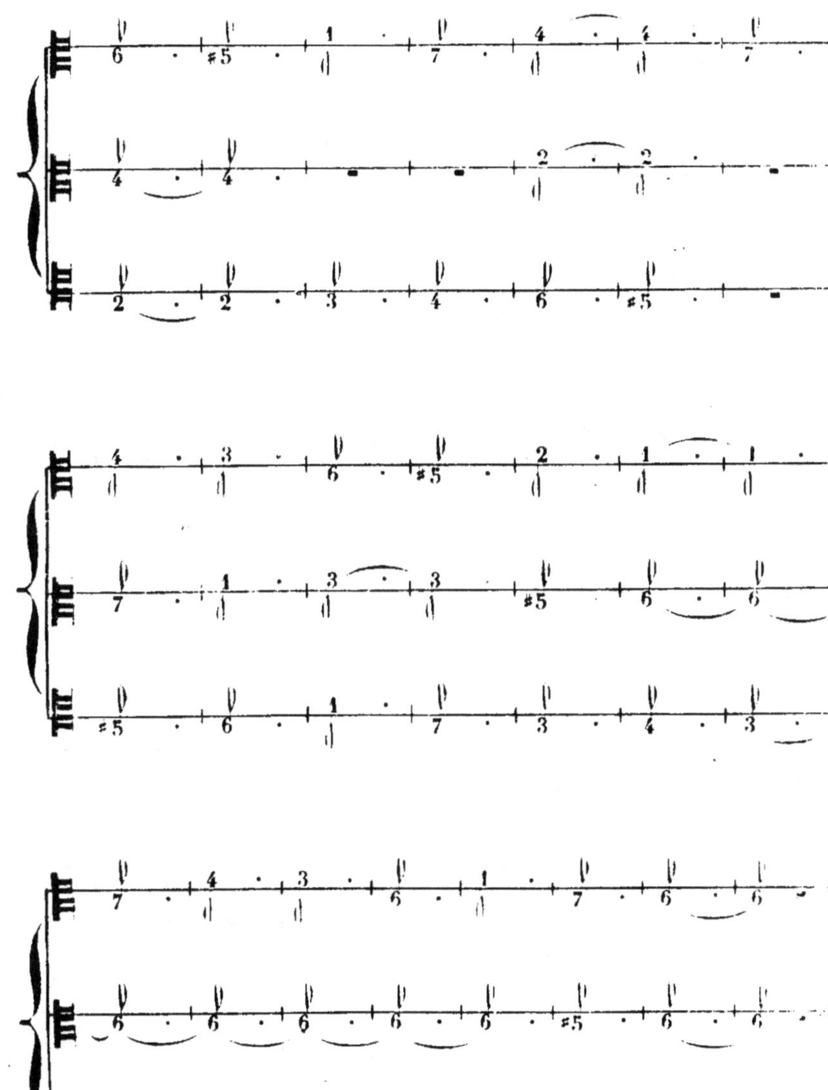

XII

Triolets.

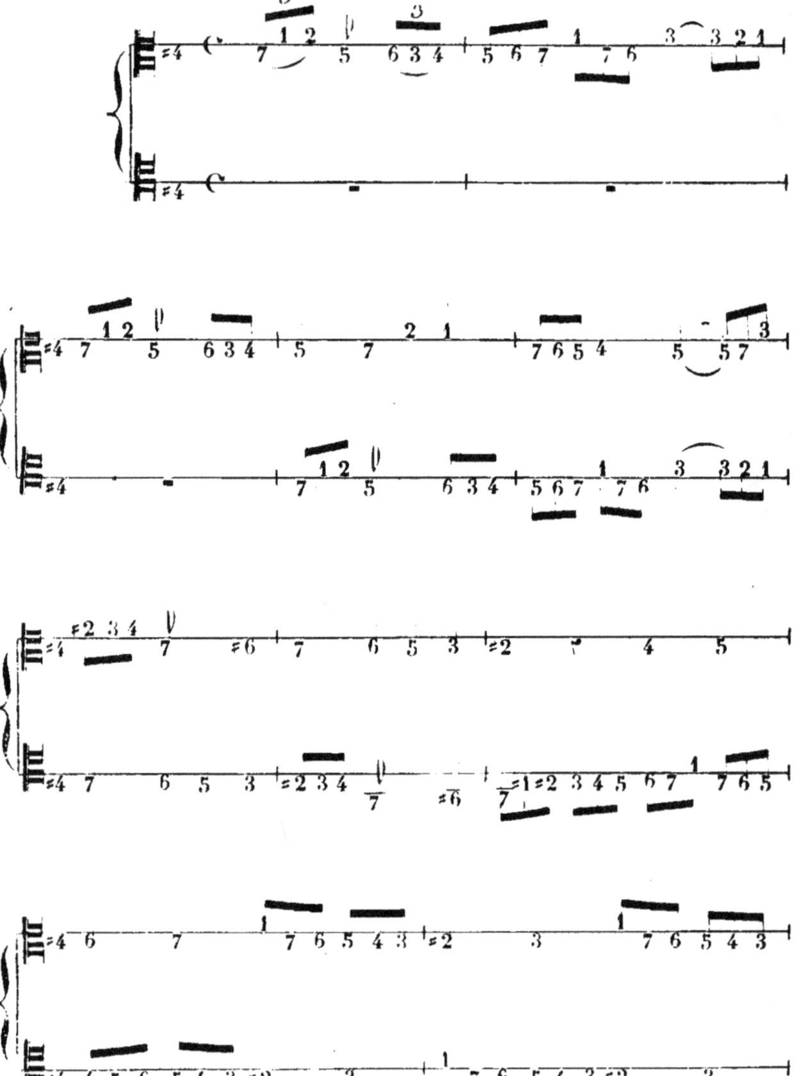

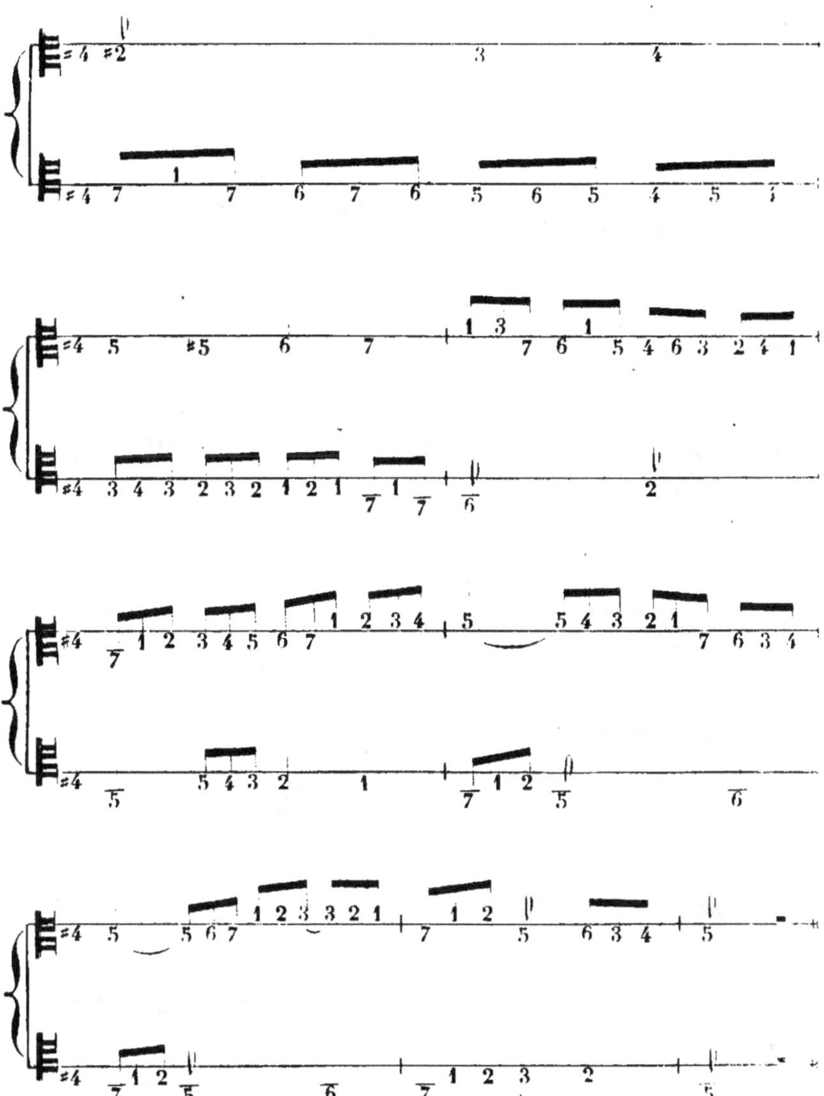

Fin des leçons élémentaires.

Étude de Piano.

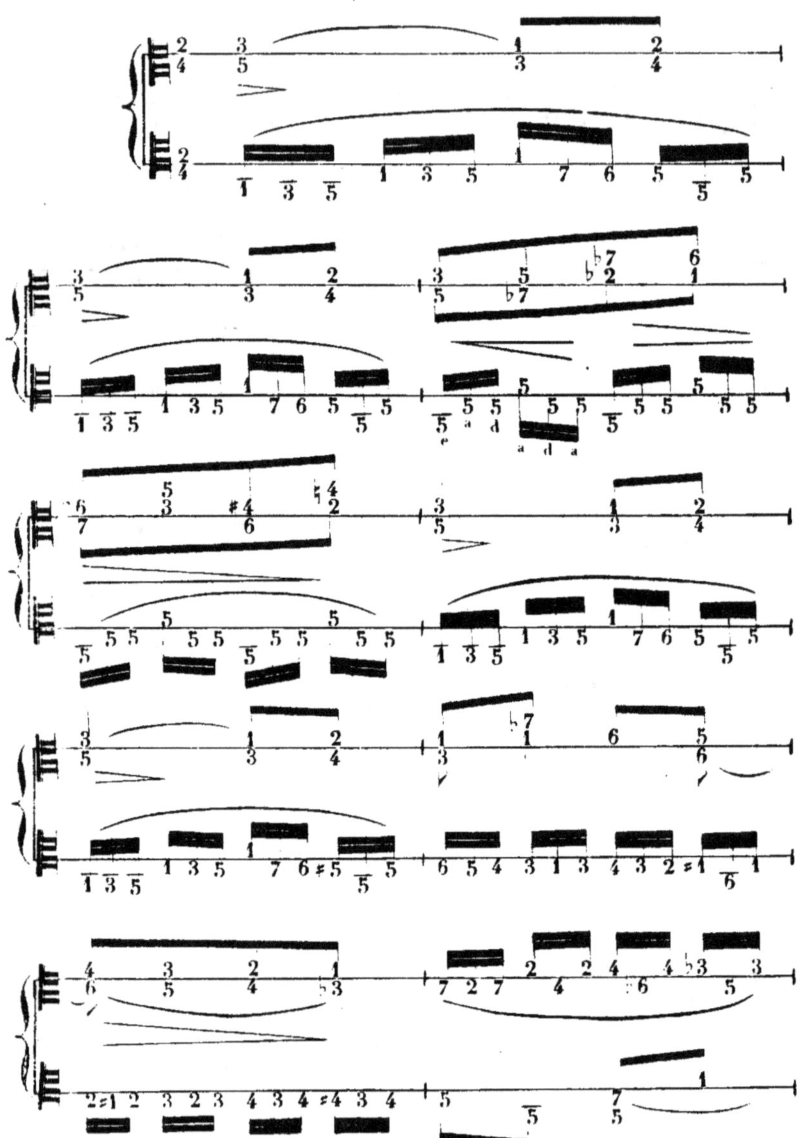

ritenuto
morendo

Etude pour le Violon.

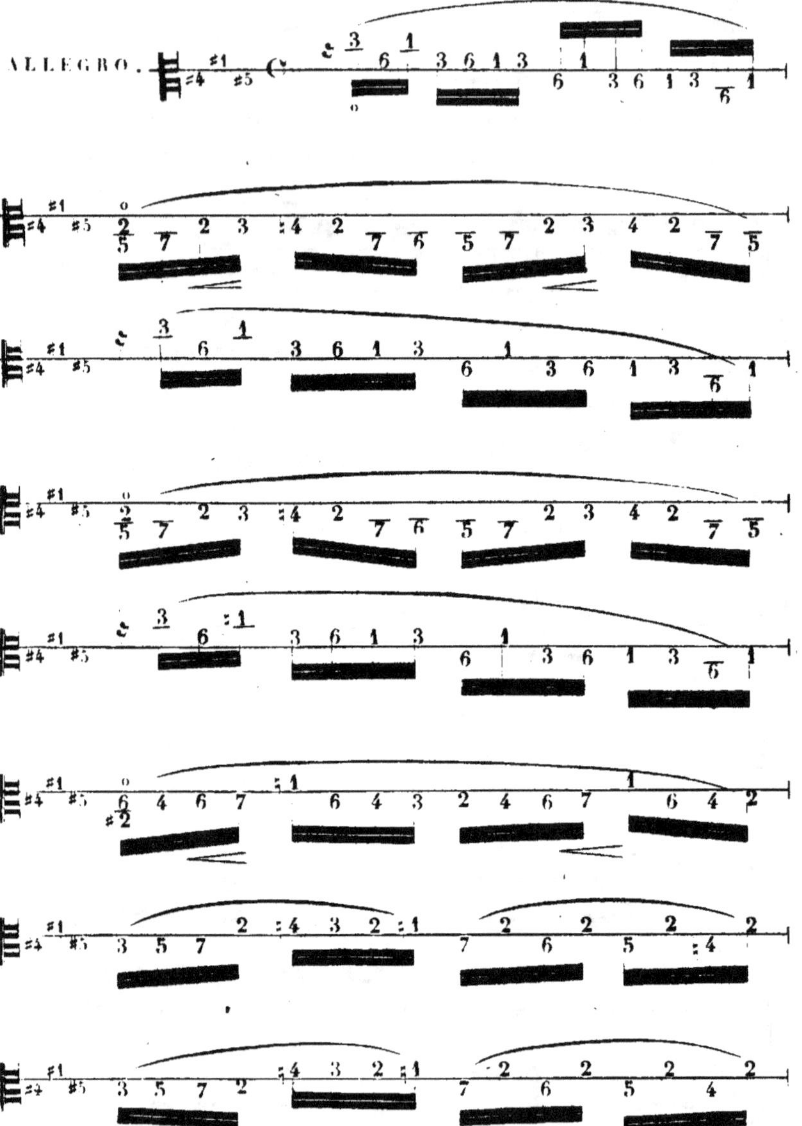

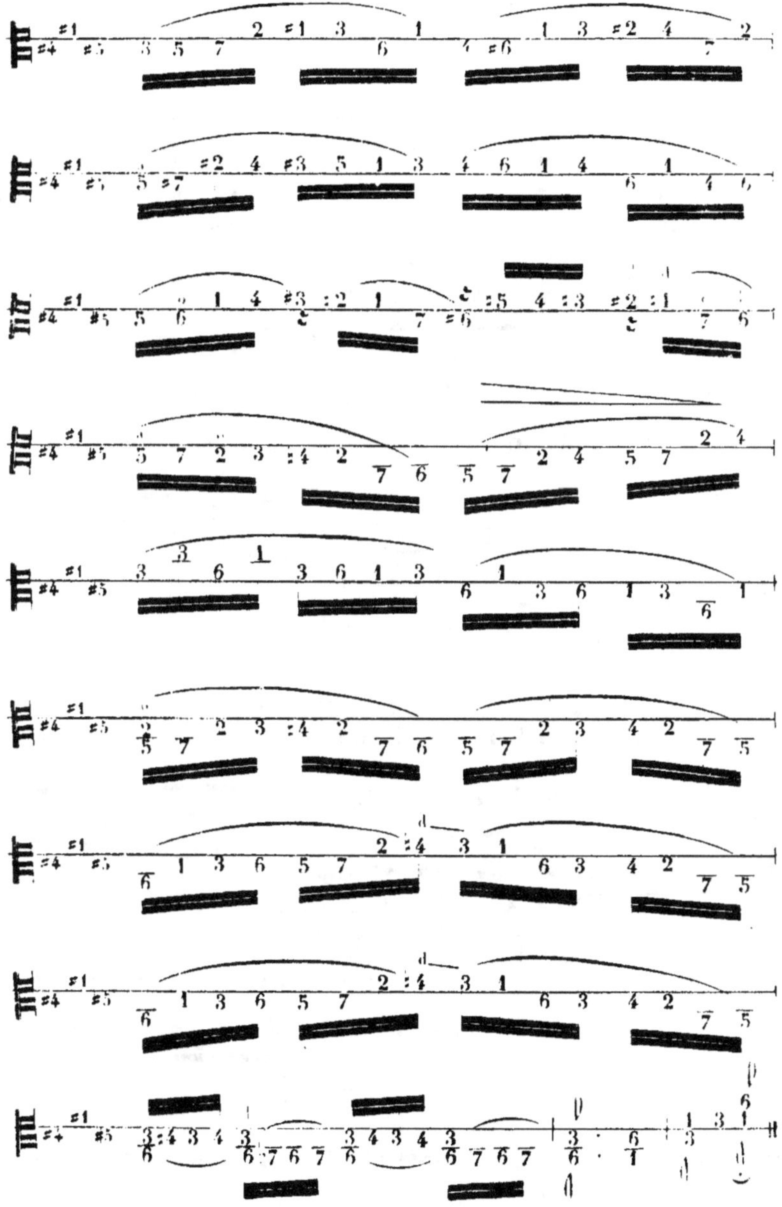

LE BAISER D'ADIEUX.

Romance.

_re ta douce halei _ ne j'ai respi _ ré ta douce ha.
_lei _ ne et des pleurs ont mouillé mes yeux j'ai tout sen_
_ti plai_sir et pei_ne j'ai re _ çu, ton baiser d'a_
_ dieux..
rit.
dim   pp

2me Couplet.

Tu pars, et malgré ta promesse
Rien ne m'assure de ta foi,
Nul souvenir de ta tendresse
Ne vient me dire: pense à moi
Ton amour qu'envain je réclame
Ne me laisse en quittant ces lieux
Que l'humide et brûlante flamme
De ton dernier baiser d'adieux.

3me Couplet.

Puisse au moins ton indifférence
Te garder d'un nouvel amour,
Et le veuvage de l'absence
Hâter ton fortuné retour,
Puisse alors l'amant qui t'adore
Te revoyant aux mêmes lieux
Sur tes lèvres vierges encore
Retrouver son baiser d'adieux.

TABLEAU.

Des tons diézés, majeurs et mineurs relatifs.

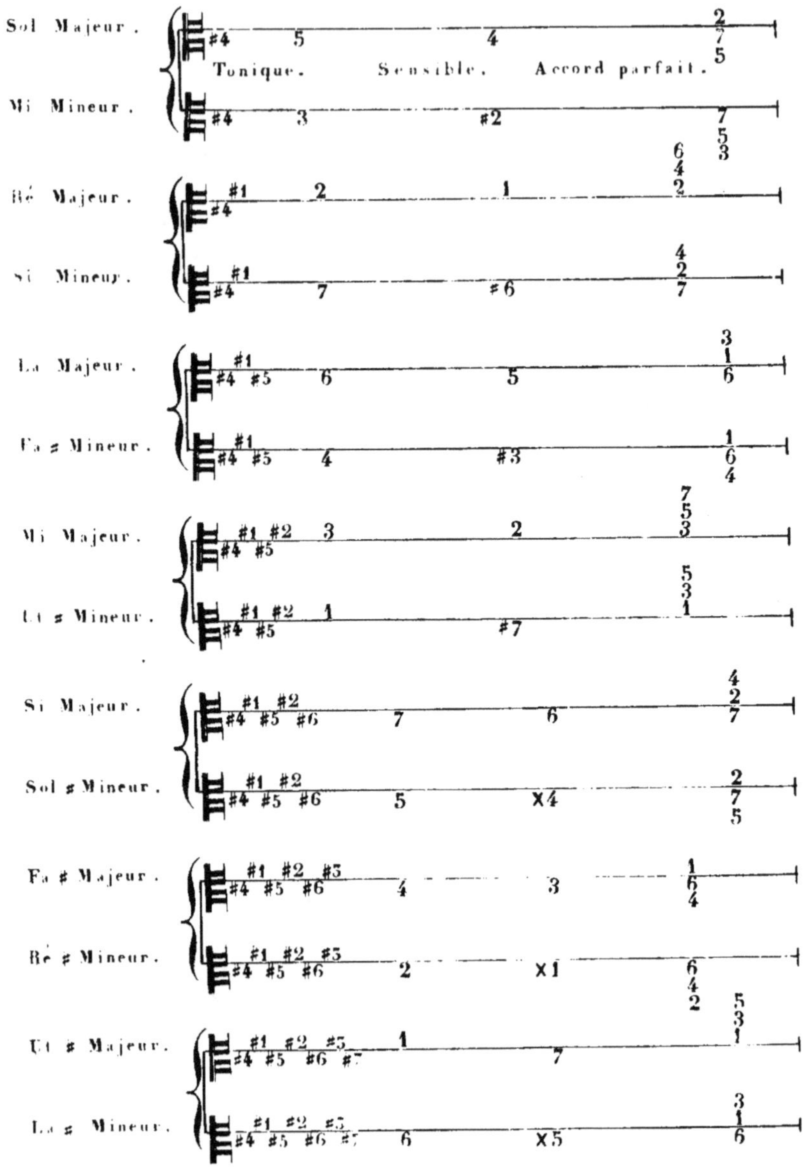

Sol Majeur. — #4   5   4   2 7 5
       Tonique.   Sensible.   Accord parfait.

Mi Mineur. — #4   3   #2   7 5 3

Ré Majeur. — #1 #4   2   1   6 4 2

Si Mineur. — #1 #4   7   #6   4 2 7

La Majeur. — #1 #4 #5   6   5   3 1 6

Fa # Mineur. — #1 #4 #5   4   #3   1 6 4

Mi Majeur. — #1 #2 #4 #5   3   2   7 5 3

Ut # Mineur. — #1 #2 #4 #5   1   #7   5 3 1

Si Majeur. — #1 #2 #4 #5 #6   7   6   4 2 7

Sol # Mineur. — #1 #2 #4 #5 #6   5   X4   2 7 5

Fa # Majeur. — #1 #2 #3 #4 #5 #6   4   3   1 6 4

Ré # Mineur. — #1 #2 #3 #4 #5 #6   2   X1   6 4 2

Ut # Majeur. — #1 #2 #3 #4 #5 #6 #7   1   7   5 3 1

La # Mineur. — #1 #2 #3 #4 #5 #6 #7   6   X5   3 1 6

TABLEAU.
Des tons bémolisés, majeurs et mineurs relatifs.

Fa Majeur.
Ré Mineur.
Si ♭ Majeur.
Sol Mineur.
Mi ♭ Majeur.
Ut Mineur.
La ♭ Majeur.
Fa Mineur.
Ré ♭ Majeur.
Si ♭ Mineur.
Sol ♭ Majeur.
Mi ♭ Mineur.
Ut ♭ Majeur.
La ♭ Mineur.

Tonique.   Sensible   Accord parfait

www.ingramcontent.com/pod-product-compliance
Lightning Source LLC
LaVergne TN
LVHW012013180726
843502LV00005B/1698